Valentin Reitmajer

Kindheit in Bayern in den Fünfzigerjahren

„Hätts ned so gsaut, hätts eine deaft“

Die Deutsche Bibliothek-CIP-Einheitsaufnahme

Reitmajer, Valentin:
Kindheit in Bayern in den Fünfzigerjahren
Oberding: Reimo-Verlag 2022

ISBN 978 – 3 – 942867 – 75 – 7

Am Mitterfeld 3, 85445 Oberding
Tel. 08122 / 4799715 Fax 08122 4799714
eMail: reimo_verlag @gmx.de

Umschlaggestaltung: Waltraud Zierer
Umschlagbild: Valentin Reitmajer

Meiner Frau Monika und meiner Tochter Tina
sowie meinen Eltern und meiner Schwester
gewidmet

1. Vorwort

Ich habe dieses Büchlein mit dem Titel „Kindheit in Niederbayern – vor 50 Jahren" vor ca. 20 Jahren in dankbarer Erinnerung an meine schöne Kindheit geschrieben

Die rege Nachfrage der Leserschaft macht nun eine neue Herausgabe nötig, zumal mir viele Leser aus anderen Regionen Bayerns berichten, dass ihre Kindheit in den Fünfzigerjahren fast genauso verlaufen ist wie meine in Niederbayern.

Dies veranlasst mich, das Buch nicht mehr nur auf Niederbayern zu beziehen, sondern auf ganz Bayern. Deshalb heißt der neue Titel nun „Kindheit in Bayern".

Da die zeitliche Distanz zur erlebten Kindheit jeden Tag größer wird, ist der Titelzusatz „vor 50 Jahren" schon jetzt veraltet, weil er jetzt schon „vor fast 70 Jahren" heißen müsste.
Aus diesen Gründen habe ich mich entschlossen, die Neuausgabe nun „Kindheit in Bayern in den Fünfzigerjahren" zu titeln.

Denn nicht nur in Niederbayern, sondern in ganz Bayern gab es in den Fünfzigerjahren in den Dörfern kaum Spiel-, Bolz- oder Fußballplätze, meist auch keinen Kindergarten. Man wuchs in der Regel ohne Bad, Warmwasser, Zentralheizung, ohne Kino, Disko, natürlich auch ohne Handy und Computer auf.
Und trotzdem war diese Kindheit schön, aufregend, bemerkenswert und oft auch lustig. Es lohnt sich, sie festzuhalten, damit sie nicht vergessen wird.

Dr. Valentin Reitmajer

2. Vorwort

Ich denke oft und gerne, manchmal auch mit ein bisschen Wehmut an meine Kindheit und Jugendzeit zurück, die ich in dem kleinen niederbayerischen Dorf Julbach verbringen durfte.

Natürlich war mir immer bewusst und ich spürte es auch, dass das ein Stück "besondere Kindheit" war, in den Fünfzigerjahren in Niederbayern aufgewachsen zu sein.

Es aufzuschreiben, haben mich jedoch vor allem das Staunen und die ungläubigen Gesichter meiner Tochter Tina und meiner Münchener Freunde und Kollegen bewogen, wenn ich ihnen von meiner Kindheit erzählte.

Wie die staunten, wenn ich berichtete, auf welche Art und Weise ich auf den Weg des Studiums kam, wie es in der Schule und in der Kirche bei uns zuging und wie wir unsere Toten zur ewigen Ruhe geleiteten.

Da wurde mir erst so richtig bewusst, dass wir damals in einer Welt gelebt hatten, die es heute, im Zeitalter von allgegenwärtigen Medien, Kommunikationstechnologie und High-Tech, nicht mehr gibt, auch nicht mehr in niederbayerischen Dörfern, wo die Moderne ebenfalls längst Einzug gehalten hat.

Gerade deshalb wollte ich aber festhalten, wie wir damals auch ohne Spiel-, Bolz-, Fußballplatz und ohne Kindergarten sowie ohne Bad, Kino, Handy, Computer und ohne Warmwasser und Zentralheizung oder Disko und Animation glücklich lebten.

Heute unterscheidet sich dörfliches Leben nicht mehr so fundamental von städtischem wie damals.

Viele Dörfer verfügen über ähnliche Einrichtungen wie Städte. Es gibt heute auch dort Spielplätze, Fußballplätze, Gemeindehäuser

und Kindergärten oder Kinderkrippen.
Telefon, Fax, Handy, Fernsehen und Internet sind ebenso selbstverständlich wie anderswo.

Deshalb glaube ich, dass es für die junge Generation staunenswert ist zu hören, wie ihre Eltern aufwuchsen, da sie sicher kaum eine Vorstellung davon hat.

Und für meine Altersgenossen hoffe ich, dass sie ein Stück ihrer Kindheit und ihrer Jugend wiederfinden und davon träumen können.

Im übrigen geht es bei meiner Schilderung gar nicht so sehr oder nur exklusiv um das Dorf Julbach. Es steht nur als Synonym für die allermeisten Dörfer in Niederbayern vor 50 Jahren, wo sich das Leben ziemlich ähnlich abgespielt haben mag.

Es geht um Leben in einem Dorf in Niederbayern, wie es vor 50 Jahren war.

Und das so schön, aufregend, bemerkenswert und auch lustig war, dass es sich lohnt, es festzuhalten und nicht zu vergessen.

Dr. Valentin Reitmajer

Inhaltsverzeichnis

Das Dorf

Das Dorf, in dem ich vor fast 50 Jahren aufgewachsen bin, heißt Julbach.

Es ist im Niederbayerischen, ca. 7 km vor Simbach/Inn, gegenüber dem österreichischen Braunau, gelegen und war früher eine Bahnstation der Strecke München-Simbach-Passau.

Julbach schmiegt sich an einen Höhenzug, der sich von oberhalb Marktl/Inn bis weit hinter Simbach/Inn über ca. 40 km erstreckt und den geografischen Abschluss des Inntales darstellt, über das sich eine Art Hochplateau bis hin zum Rottal erstreckt
Bei guter Fernsicht kann man von diesem Höhenzug aus das silbrige Band des an dieser Stelle schon gemächlich und breit dahinfließenden Inns mit einem Panoramabild des ca. 80 km entfernten Gebirges sehen.

Vor vielen hundert Jahren, genauer gesagt bis zum Ende des sog. Landshuter Erbfolgekrieges im 15. Jahrhundert, war Julbach gekrönt von einem Schloss, dessen Herren, die Grafen von Julbach, die Gerichtsbarkeit des umgebenden Landes ausübten.
Noch heute, 500 Jahre nach der Zerstörung der Burg, gibt der Name "Schlossberg" Zeugnis davon.

Heute bestehen nur noch die Reste eines Brunnens auf dem Schlossberg, die an das Schloss und das Leben der höfischen Gesellschaft erinnern.
Die Flurbezeichnungen "Hölle" und "Himmelsstiege" sind die letzten verbalen Überbleibsel dieser Vergangenheit. Sie bezeichnen den Weg zum Galgen, den die vom Julbacher Grafen zum Tode verurteilten Delinquenten zu gehen hatten.
Als ich vor ca. 50 Jahren in Julbach aufwuchs, hatte das Dorf ungefähr 1.500 Einwohner und bestand, wie auch heute noch, aus dem Kirchdorf Julbach und aus verschiedenen Ortschaften wie Niederndorf, Oberjulbach und Buch sowie aus vielen Weilern, ein-

zelnen, einsam gelegenen Gehöften und Häusern.
Nimmt man die Kirche als Mittelpunkt, sie wurde 1484 im einfachen gotischen Stil erbaut und stellt den dörflichen Mittelpunkt dar, so hatte und hat das Dorf Julbach ungefähr einen Einzugsbereich mit einem Radius von 5 Kilometern.

Zu meiner Kinderzeit bestand das Dorf hauptsächlich aus einheimischen Bauern, Handwerkern und einer größeren Zahl von Fabrikarbeitern, zu denen sich eine Handvoll "Zuagroasta", fast ausschließlich "Flüchtlinge", und hier wiederum fast alle aus dem Dorf Pojana Mikului in der Bukowina in Rumänien, wozu auch meine Eltern zählten, gesellten.

Abgesehen von zwei bis drei Großbauern, deren Besitz und Einfluss zumindest mir als kleinem Bub nicht übermächtig erschien, waren im Großen und Ganzen die meisten Bewohner, von kleineren Abstufungen abgesehen, was Besitz und Einkommen betraf , in etwa gleich gestellt.

Natürlich gab es da auch einige "Zeiglleute" (Kleinstlandwirte) und "Witwen", die nur das nötigste Auskommen hatten, und eine "Armenbaracke" am Rande des Dorfes, in der eine kinderreiche Familie wohnte, deren Ernährer von Sozialhilfe bzw. Soforthilfe, wie man damals sagte, lebte.
Trotzdem war niemand, zumindest meiner kindlichen Beobachtung gemäß, im Dorf richtig ausgeschlossen.

Lediglich Leute, die sonntäglich nicht den Gottesdienst besuchten, galten zumindest als suspekt und wurden misstrauisch beäugt bzw. fast bemitleidet.
Denn für mich als kleinen Buben war felsenfest klar, so sagten es die alten frommen Frauen, die jeden Tag die Hl. Messe besuchten, dass diese Menschen geradenwegs in die Hölle kommen und dort schlimmsten Qualen ausgesetzt sein würden, ähnlich wie die

Evangelischen, von denen es jedoch meines Wissens keine im Dorf gab.

Es gab auch nur wenige im Dorf, denen wegen mangelnden Kirchenbesuchs ein derartig "fürchterliches Schicksal" bevorstand; man konnte sie an einer Hand abzählen.

Ich erinnere mich hierbei an einen alten Zecher, der im Wirtshaus immer prophezeite, er werde aus dem Sarg hervorkommen, wenn ein Pfarrer ihn beerdigen würde. Aber auch er wurde, unter dem Geschmunzel der in seine Prophezeiung eingeweihten Spezels, selbstverständlich mit Pfarrer und Chor begraben.

Eine Reihe von sog. markanten Persönlichkeiten oder Originalen bestimmten meiner Erinnerung nach das Bild der Gemeinde recht nachhaltig.

Da war der alte "Schwemmer", der im Wirtshaus immer die abenteuerlichsten Geschichten aus der Vergangenheit zu erzählen wusste und dessen Bruder, der sog. "Schwemmer-Pater", der als der einzige, aus dem Dorf hervorgegangene Priester im fernen Afrika, bei "de Wuidn", wie wir sagten, wirkte, und reichlich Stoff für Erzählungen am Stammtisch hergab.

Da gab es den bereits pensionierten Postboten, der allabendlich zusammen mit dem "Bäcker-Franze" im Kirchenwirt Lieder zur Zither zum Besten gab, und dabei regelmäßig und so reichlich dem Alkohol zusprach, dass er immer eine rote Nase hatte und jederzeit bester Dinge war.

Eine eher im Hintergrund lebende, jedoch für das Dorf sehr markante und auffällige Persönlichkeit war der alte Herr "Oberlehrer", der zwar sehr gescheit sein sollte, so raunten die Erwachsenen uns Kindern zu, wenn er laut singend und pfeifend mit dem Fahrrad durchs Dorf fuhr, jedoch angeblich nicht ganz richtig im Kopf sein sollte.

Er wurde zwar nach außen hin mit der Anrede "Herr Oberlehrer" durchaus respektvoll behandelt. Man machte sich, vor allem wir Kinder, aber gerne einen Spaß daraus, ihn sehr laut und übertrieben mit "Grüß Gott, Herr Oberlehrer!" zu grüßen, wenn er mit dem Rad vorbeifuhr. Denn wir wussten, dass er dann hocherfreut und für uns auf belustigende Weise den Gruß mit "Grüß Gott!, Grüß Gott!, Grüß Gott!" erwidern würde und dabei "hm, hm, hm" vor sich hinsummend, fast vom Rad gefallen wäre.

Überhaupt sagte der Herr Oberlehrer alles dreimal, ganz schnell hintereinander und war furchtbar nervös und fahrig, was uns als Kinder, und wohl auch die Erwachsenen, äußerst amüsierte.
Man erzählte sich hinter vorgehaltener Hand, dass er schon in relativ jungen Jahren aus dem Schuldienst entfernt und frühpensioniert worden wäre, weil er nervlich den Anforderungen des Unterrichtens nicht gewachsen gewesen sei und den Schülern nicht mehr Herr geworden wäre.

Und da waren auch noch zwei, zum dörflichen Erscheinungsbild gehörige Behinderte, die von Geburt an nicht ganz richtig im Kopf waren. Man nannte solche Menschen damals im Dorf "Rauschkinder", weil man annahm, dass ihre Behinderung daher rühre, dass sie im Rausch gezeugt worden seien.
Der eine der beiden hatte ein ganz blaues Gesicht und war sehr klein von Gestalt, der andere war eine Art Zwerg mit einem uraltem, zerfurchten Gesicht, obwohl er erst an die 30 Jahre alt war.
Beide wurden zwar von jungen Burschen oftmals im Wirtshaus gehänselt und man trieb manch groben Scherz mit ihnen, was sie bereitwillig mitmachten. Insgesamt waren sie jedoch in die Dorfgemeinschaft integriert und im Großen und Ganzen wohl gelitten.

Die nicht hinterfragten Autoritäten waren selbstverständlich der Herr Pfarrer, ein liebenswürdiger Herr in mittleren Jahren, der immer eine Art schwarzen Frack trug, wir sagten "Gesthintre" dazu, wenn er durch das Dorf schritt und den jeder, ob Kind oder

Erwachsener, mit "Gelobt sei Jesus Christus!" grüßte, und der "Herr Hauptlehrer".
Letzterer war die absolute Autorität im Dorf, dem sowohl Kinder als auch Erwachsene gehorchten.
Es war durchaus nichts Ungewöhnliches, dass der "Herr Hauptlehrer" Kindern sowieso, aber auch erwachsenen Frauen und Männern auf der Straße den Auftrag gab, ihm vom Kirchenwirt einige Flaschen Bier zu besorgen, was jeder, ob alt oder jung, widerspruchslos und selbstverständlich ausführte.
Denn schließlich war es der "Herr Hauptlehrer"!

Nicht vergessen werden darf der "Hirsch", eigentlich der "Herr Hirsch". Im Nebenberuf Mesner und Totengräber des Dorfes, lebte er recht bescheiden von einer kleinen Landwirtschaft. Seine Lieblingsbeschäftigungen waren Zigarre rauchen , Blockschokolade essen und junge Frauen mit Totenschädeln erschrecken , wenn er gerade ein frisches Grab aushub und eine Frau daran vorbeiging.
Er war jedoch auch derjenige, der bei jeder Beerdigung herzzerreißend weinen musste. Hinter seiner rauhen Schale verbarg sich ein weiches Herz .

Besuchte ein Kind das Gymnasium ,außer mir waren es im Laufe von ca. 10 Jahren vier bis fünf Buben und Mädchen des Dorfes, so sagten die Leute, er oder sie "studiert". "Gschdudierte" waren überhaupt das "Größte", man behandelte sie mit Respekt und einer gewissen Ehrfurcht, auch wenn man hinter ihren Rücken über deren "verdrehten Hände", die zu keiner *wirklichen* Arbeit fähig waren, sich lustig machte.

Im ganzen Dorf gab es damals zwei Bäcker, zwei Metzger und drei Gemischtwarenhandlungen, wobei bis auf einen es sich hierbei um richtige "Kramer" handelte, die ihre Geschäfte in einer Art Wohnzimmerstübchen abhandelten. Auch ein Schuster, der jedoch noch eine Landwirtschaft betrieb, und ein Frisör, besser gesagt eine Art von "Bader", rundete das Dienstleistungsangebot des

Dorfes ab. Was brauchte man mehr?!

Die Post wurde in einem Hinterzimmer des Privathauses des "Postfrein's" (Postfräuleins), einer schon recht betagten und äußerst frommen Frau betrieben.
Wollte man telefonieren, so musste man zum "Postfrein" gehen, denn es gab keine Telefonzelle im Ort und außer dem Pfarrer und dem Hauptlehrer hatte kaum jemand ein Telefon.

Ähnlich war es mit den Autos. Kaum jemand besaß eines. Musste man eine Fahrt erledigen, die mit Bus oder Bahn nicht machbar war, so bat man einen der wenigen Autobesitzer, z. B. verfügten bereits einige Großbauern über ein Automobil, gegen Ersatz der Benzinkosten um Chauffeurdienste.

Ebenfalls ein Luxus sondergleichen war es, ein Fernsehgerät zu besitzen. Nur wenige leisteten sich diesen, zumal sie sich dadurch fast täglich abendlichen Besuch einhandelten. Es war nämlich zu einer neuartigen Gepflogenheit geworden, abends zu Bekannten, die so ein Gerät besaßen zum "Fernsehen" zu gehen. Der Stolz über den Besitz dieser neuen Errungenschaft sowie die Belästigung durch fast allabendlichen Besuche hielten sich bei den stolzen Fernsehbesitzern wohl die Waage.

Ansonsten ging das Dorfleben seinen gemächlichen Weg, großteils vom kirchlichen Festkalender bestimmt: Advent, Weihnachten, Ostern und Pfingsten.
Nicht zu vergessen die Bittgänge in die Fluren oder in benachbarte Kirchdörfer, die feierlichen und innigen Maiandachten und den Fronleichnamsumzug im Dorf, ab und zu, vor allem im Fasching, die Schützen-, Feuerwehr- und Veteranenbälle, im Sommer die vor allem bei der Jugend sehr beliebten Waldfeste im benachbarten Forst.

Auch Beerdigungen und Hochzeiten gehörten durchaus zu Ereignissen, die den Alltagstrott des Dorflebens auflockerten und zu vielerlei Gesprächen und Tratschereien Anlass boten.

Und von Mitte Mai bis Ende September konnte man nach dem Gebetläuten allabendlich das Rollen der Kugel von der dörflichen Kegelbahn, oben vom Kirchenwirt bis 'runter ins Dorf hören, wenn die Männer des Dorfes bei einigen Maß Bier sich von den Mühen und Plagen eines schweren Tagwerkes auf ihre Weise erholten.

Von all dem will ich nun erzählen!

Die Schule: Herr Hauptlehrer und Herr Hochwürden

Neben der Kirche war die Schule die größte und wichtigste Einrichtung des Dorfes.

Das "Schulzentrum", wie man heute sagen würde, bestand aus zwei Gebäulichkeiten, dem eigentlichen Schulgebäude und dem Lehrerhaus, in dem noch im Erdgeschoss die Gemeindekanzlei untergebracht war.

Das Schulgebäude bestand aus zwei Klassenzimmern , in denen in einem die Klassen 1 bis 4 mit ca. 50 Kindern vom sog. "Lehrerfrein", das damals übrigens nicht heiraten durfte, so lange es als Lehrerin tätig war, unterrichtet wurden.
Im anderen Klassenzimmer unterrichtete der Herr Hauptlehrer die Klassen 5 bis 8, ebenfalls ca. 50 bis 60 Kinder in einem Klassenzimmer. Eine 9. Klasse gab es damals noch nicht.
Da keine Zentralheizung vorhanden war, wurden die Unterrichtsräume durch einen riesigen Kachelofen beheizt, der vom Hausmeister vor dem Unterricht, aber auch währenddessen versorgt wurde.

Im Lehrerhaus "residierte" im 1. Stock der Herr Hauptlehrer. Im Erdgeschoss gab es noch eine kleine Zweizimmerwohnung für das "Lehrerfrein".
Die Frau "Hauptlehrerin" ging selbstverständlich keiner lohnabhängigen Arbeit nach. Sie war so etwas wie die "First Lady" des Dorfes, die jedoch mit kaum jemand aus dem Dorf Kontakt hielt.
Man hörte, dass sie Tiere präparieren sollte, die ihr Mann als passionierter Jäger erlegte und die sie dann an die biologischen Sammlungen von Schulen, insbesondere Gymnasien, verkaufte. Etwas Genaues wusste jedoch niemand.

Der Herr Hauptlehrer war eine imposante Erscheinung von ca. 50 Jahren.

Am liebsten kleidete er sich wie ein Jäger mit Kniebundlederhose und Trachtenjanker. Denn sein größtes Hobby war die Jagd.
Sein bereits etwas ergrauter, mächtiger Schnauzbart und seine grau melierte Löwenmähne machten ihn zu einer, für mich wenigstens, höchsten Respekt einflößenden Erscheinung.

Der Unterricht begann jeden Tag damit, dass nach dem Morgengebet jedesmal die Finger hochflogen und die Schüler nach dem Aufruf vermeldeten: "Ich hab` ein Reh gesehen!". "Wo denn?", war sofort die begierige Frage des Hauptlehrers, denn er malte sich aus, eine fette Beute zu machen.

Natürlich logen wir dabei manchmal das Blaue vom Himmel herunter, da man auf diese Weise den Hauptlehrer auch hereinlegen konnte, ohne jemals zur Rechenschaft gezogen werden zu können. Wie erfanden aber auch die wundersamsten Tierbeobachtungen, weil wir wussten, dass darauf eine abenteuerliche Jagdgeschichte folgen würde. Und der "Herr Hauptlehrer" konnte wunderbar und äußerst spannend erzählen.
An eine Geschichte erinnere ich mich noch.
Es war in Ungarn. Und der Hauptlehrer jagte in unwegsamen Gelände. Er erzählte, von einem Urwaldgebiet, in dem er auf der Jagd gewesen war und trotz aller Vorsichtsmaßnahmen von einer giftigen Schlange gebissen worden war. Zunächst hackte er mit einem Buschmesser, wie er berichtete, der Schlange den Kopf ab. Dann schnitt er sich die Bisswunde auf und sog mit dem Mund das Blut an der gebissenen Stelle aus, spie es aus und band den Arm mit einem Halstuch ab.

Uns gruselte bei der Erzählung und wir saßen wie gebannt da. Aber trotzdem hörten wir diese Geschichten gerne, ja provozierten sie durch unsere Meldungen sogar.
Dass da eventuell übelstes Jägerlatein zum Besten gegeben wurde, kam uns nicht in den Sinn, dafür achteten wir den Hauptlehrer als "letzte Autorität" zu sehr und außerdem waren die Geschichten so gruselig schön.

Die Notengewinnung bestand darin, dass uns der Herr Hauptlehrer einen sog. "Lernstoff" ins Heft diktierte. Den mussten wir übers Wochenende, das heißt von Samstag auf Montag, da wir damals auch am Samstag Unterricht hatten, auswendig lernen.
Am Montag stellten wir uns der Reihe nach vor dem Katheder auf und mussten den Lehrstoff auswendig hersagen.
Der Herr Hauptlehrer thronte auf dem erhöhten Katheder und die Schlauesten drängelten sich an die vorderste Stelle der Reihe, denn sie hatten nur den Anfang des Textes gelernt. "Gut, setzen!", war im positiven Fall die erlösende Botschaft. Oder "Setzen, sechs!" das Schrecklichste.

Zu dieser Zeit waren offenbar "Lernmappen" pädagogisch en vogue.

Jeder von uns hatte zu den verschiedenen Lerngebieten, z.B. für Geschichte oder Erdkunde, so eine "Lernmappe", die irgendwie bearbeitet werden musste: Fragen beantworten oder Bilder ausmalen oder ähnliches. Damit waren wir beschäftigt.

Denn fast jeden Tag gab uns der Hauptlehrer den Auftrag, unsere "Lernmappen" zu bearbeiten. In der Zwischenzeit ging er ins Lehrerhaus nebenan, um mit seiner Frau Kaffee zu trinken.
Damit kein Chaos ausbrach, bestimmte er den größten Rowdy der Klasse, den alle fürchteten, zum Aufpasser. Derjenige, der von diesem Aufpasser "aufgeschrieben" wurde, bekam eine saftige Strafe, wenn der Herr Hauptlehrer nach ein bis zwei Stunden vom Kaffeetrinken zurückkam.

Unser Sportunterricht hatte auch eine besondere Note.

Je nach Jahreszeit mussten oder durften wir im Lehrergarten im Frühjahr das Unkraut jäten, im Herbst die Äpfel, Birnen und Zwetschgen für den Herrn Hauptlehrer ernten und im Winter Holz hacken und säuberlich zu kleinen Holztürmen aufschichten.

Besonders beliebt bei den Mädchen war aber die Aufgabe, bei der Frau Hauptlehrer während der Unterrichtszeit zu putzen bzw., noch besser, für sie den Einkauf beim Krämer zu erledigen, konnte man sich doch damit vom vermeintlich lästigen Unterricht freikaufen.

War in Haus und Hof nichts zu tun, machten wir während des Sportunterrichts Wanderungen im nahen Wald. Eine der beliebtesten Übungen war, auf allen Vieren durch den Wald zu robben. Das kannte der Hauptlehrer wohl noch vom Krieg her, in dem er Offizier gewesen sein sollte, obwohl er nie etwas davon erzählte.

Manchmal machten wir auch sog. "Lehrwanderungen" durch Wald und Flur.

Ich kann mich noch gut an folgende Geschichte erinnern:

Wir kommen zu einem spitzen Stein am Waldesrand, der eine Art Grundstücksmarkierung darstellt. Unser Hauptlehrer erzählt uns, dass er einmal auf diesen Stein eine Mischung aus Salz und Pfeffer gelegt habe. Nach kurzer Zeit kam ein Hase vorbei, schnuppert an der Gewürzmischung und musste dabei so niesen, dass er sich die Kehle an dem spitzen Stein aufschlitzte und verendete.
Es war schön gelogen, aber wir glaubten es. Denn schließlich hatte es uns dies der Herr Hauptlehrer erzählt.
Und dies war für uns das "Evangelium".

Unsere Eltern wussten natürlich von dieser Art des Unterrichts. Aber es wäre nie jemand auf die Idee gekommen, sich z.B. beim Schulrat oder anderswo darüber zu beschweren. Zu groß war der Respekt vor der selbstverständlichen Autorität des Hauptlehrers.

Außerdem wussten sie nicht, wie Unterricht sonst hätte gestaltet werden können.

Es war eben so wie es war - und das war normal und richtig.

Dreimal die Woche stand Religionsunterricht auf dem Stundenplan, den der Herr Pfarrer abhielt. Alle anderen Fächer unterrichtete der Herr Hauptlehrer.

Gemessenen Schrittes, schwarz gekleidet, ausgestattet mit schwarzem Hut, Priesterkragen und dem bereits erwähnten Gehrock ("Gesthintre") kam der Herr Pfarrer ins Klassenzimmer und wurde vom Herrn Hauptlehrer sehr freundlich begrüßt, bevor sich dieser nach Hause zurückzog.

"Ge-lobt - sei - Je-sus - Chri-stus!", begrüßten wir skandierend und in Reih und Glied stehend den Herrn Pfarrer, der unserem Gruß mit seiner milden, einem auf und abgehenden Singsang ähnelnden Stimme mit den Worten "In Ewigkeit. Amen!" dankte.

Dann wurde gebetet, immer noch stehend. Da sich der Herr Pfarrer beim Gebet umdrehte und sich mit vor der Brust gefalteten Händen dem Kreuz über dem Katheter zuwandte, bemerkte er nicht sofort, wenn einige von uns nicht genügend ehrfürchtig bei der Sache waren oder gar dem Banknachbarn etwas zuzischten bzw., was einige völlig "verdorbene" Bürschchen gerne betrieben, den Vordermann zwickten oder kitzelten, was natürlich für dementsprechende Unruhe sorgte.

Wurde es während des Gebets zu unruhig, so drehte sich der Herr Pfarrer nicht etwa zu uns um, um zu sehen, was los war, sondern verstärkte die Lautstärke seiner Stimme beim beten manchmal so sehr, dass er die Gebetsworte laut und auch zornig herausschrie.

War es wieder einmal so weit, und dies kam nicht selten vor, so war aus dem liebenswürdigen und ansonsten herzensguten, gütigen Pfarrer eine sich allmählich in bodenlosen Zorn hinsteigernde Furie geworden.

Dann wurde bereits wie vor jeder Stunde von ihm mit grimmiger Stimme gefragt, wer in der Schulmesse gewesen wäre. Dafür gab es nämlich von ihm kleine, glitzernde Sternchen, die wir in eine Art Rabattmarkenbuch klebten. War das Buch vollgeklebt, dafür musste man jedoch viele Schulmessen besucht haben, bekamen wir vom Herrn Pfarrer ein buntes Heiligenbildchen geschenkt, was durchaus begehrt war, obwohl man damit nichts Rechtes anfangen konnte.

Der Religionsunterricht bestand im Wesentlichen darin, dass wir in unserem grünen Katechismus lasen und die am Ende eines Kapitels fett gedruckten "Glaubenswahrheiten" gemeinsam hersagen mussten, um sie uns einzuprägen.
War das "erledigt", so gab der Herr Pfarrer den Befehl, das kleine, tragbare Harmonium aus einer Kammer zu holen und auf dem Katheter abzustellen, was nur die "Würdigsten" und "Verlässlichsten" unter uns erledigen durften und ein recht begehrter Job war.

Noch begehrter, warum auch immer, war jedoch die Aufgabe, mittels einer Schnur den Blasebalg des Instruments zu betätigen, was nicht ganz leicht war und sehr regelmäßig ausgeführt werden musste, damit dem Harmonium nicht die "Luft" ausging. Dies wurde in der Regel nur absolut "Zuverlässigen" übertragen, eigentlich, wenn ich mich richtig erinnere, nur Ministranten.

Inzwischen hatte sich der Herr Pfarrer meist wieder beruhigt und war wieder die Güte selbst.
Nun ging es darum Kirchenlieder einzuüben.

Und das ging so.

Der Herr Pfarrer spielte die Melodie einstimmig mit einer Hand vor und sang dazu. Mit der anderen Hand schlug er in der Luft oder auf dem Harmonium den Takt.
Nun waren wir dran und zwar so lange, bis das Lied saß.

Zwischendrin, wenn er mit unserer Leistung zufrieden war, sagte er mit ganz hoher, engelhaft klingender Stimme: "Ja, fein!". Der

Herr Pfarrer sagte überhaupt sehr häufig, und zwar an passenden, aber auch unpassenden Stellen "Ja, fein!", was eine Art gebildete Vornehmheit, aber auch Güte ausstrahlen sollte, ihm jedoch sicher nicht bewusst war, dass er diese Redewendung fast schon marottenhaft gebrauchte.

So gütig und milde der Pfarrer im Grunde seines Herzens auch war, so konnte ihn Unaufmerksamkeit und Unruhe -und wir trauten uns bei ihm unverständlicher Weise viel mehr als beim Herrn Hauptlehrer, der ohne etwas zu sagen, allein durch seine Erscheinung schon Respekt ausstrahlte- von einer Sekunde zur anderen so sehr in Rage bringen, dass er, sich mit beiden Armen zwischen zwei Bankreihen aufstützend, fast einen halben Meter in die Luft sprang und so laut er konnte "Herrschaftsseiten!" schrie.

Wir erschraken zwar zunächst, der Sprung des Pfarrers brachte uns aber auch zum Kichern, allerdings hinter vorgehaltener Hand, da beim Hochspringen des Pfarrers auch die Rockschöße seines Gehrockes hochsprangen, was uns grenzenlos amüsierte.

Selbst bei einem wütenden Abgang nach so einer Unterrichtsstunde kam der Herr Pfarrer wieder vollständig ruhig, ausgeglichen, milde lächelnd und gütig zur nächsten Religionsstunde.
Und das Spiel begann meist von vorne, wie immer.

Unterrichten war offensichtlich nicht seine Sache
- und er hatte es ja auch nie richtig gelernt.

Eine "Leich" ist was Schönes

Immer, wenn um 7.00 Uhr morgens das Totenglöckerl, die kleinste und am hellsten klingende Glocke des Kirchengeläutes etwas schauerlich im Dorf ertönte, standen wir Buben, so weit wir Ministranten waren, frohgemut auf und waren von einer gewissen Vorfreude erfüllt.

Denn dies bedeutete, dass jemand im Dorf gestorben war, worüber wir uns natürlich nicht freuten, aber es billigend in Kauf nahmen . Unsere Vorfreude bezog sich vielmehr auf den Umstand, dass wir als Ministranten bei einer Beerdigung, die grundsätzlich um 9.00 Uhr vormittags stattfand, schulfrei hatten, da wir "minischdrieren" mussten und auch noch eine Einladung zum "Leichentrunk" beim Kirchenwirt für uns ins Haus stand.

Natürlich musste so eine Beerdigung oder "Leich", wie wir sagten, schon auch verdient sein.

Zunächst bedeutete dies u. U. einen langen Fußmarsch, da die "Leich", die zunächst zu Hause, meist im Wohnzimmer aufgebahrt war, erst einmal abgeholt und in das Leichenhaus neben der Kirche überführt werden musste.

Da unsere Gemeinde einen sehr großen Einzugsbereich hatte und noch heute hat und ein motorisierter Leichenwagen nicht vorhanden war, gingen wir in liturgischer Kleidung mit dem Herrn Pfarrer von der Kirche zum Haus des Verstorbenen, um ihn abzuholen. Das konnte insgesamt hin und zurück bis zu 10 km Fußweg bedeuten, wenn das Trauerhaus sehr abgelegen, am Rande der Gemeindegrenze lag.

Dem liturgischen Trauerzug, bestehend aus fünf Ministranten mit Vortragekreuz, Weihwasserkessel mit Wedel, Rauchfass und Weihrauchgefäß, wir sagten dazu "Schifferl", weil es eine schiffähnliche Form hatte, und dem Herrn Pfarrer, voraus fuhr der Leichenwagen. Ein schwarzes Gefährt mit einem künstlerisch gestalteten Aufbau, in dem der Sarg transportiert wurde. Der Leichenwagen wurde von zwei bis vier schwarzen Rappen gezogen, die einen schwarzen Überwurf und schwarze Scheuklappen trugen. Auf dem Bock saß der Kutscher, der mit Schnalzern, Zurufen und Peitschenknallen die Rappen dirigierte.

Auf dem Rückweg vom Trauerhaus wurde unablässig der Rosenkranz gebetet, vom Glockengeläut der Kirche begleitet, sobald man in Sichtweite des Gotteshauses gelangte.

Dann musste man noch drei Tage hintereinander am Nachmittag beim "Sterberosenkranz" ministrieren, was für uns eher langweilig war, da man eine halbe Stunde nur knien und beten musste, ohne Rauchfass und sonstige liturgische "Höhepunkte", die das Herz eines richtigen Ministranten höherschlagen ließen.

Nach drei Tagen war es soweit.

Um Viertel vor neun Uhr erfolgte das sog. "Viertelleuten" mit der großen Glocke. Natürlich wurde per Hand geläutet, und es war nicht selten schon da ein kleiner Streit unter uns Ministranten entstanden, wer sie mit dem großen Strick zum Tönen bringen dürfte. Denn, die große Glocke läuten zu können, deutete auf Kraft und Stärke hin, womit sich natürlich jeder zehnjährige Bub schmücken wollte. Außerdem konnte man sich am Schluss des Läutens, um die Glocke zum Stillstand zu bringen, so wunderbar vom Glockenstrang in luftige Höhen ziehen lassen. Mit flatterndem Chorrock war dies ein besonderes Vergnügen.

Es gab aber bei einer Beerdigung für uns Ministranten noch andere Begehrlichkeiten, die erst geregelt sein mochten. Am beliebtesten war der "Job" des Rauchfassträgers, weil man mit ihm so schön mit den Drahtschnüren klirren und vor allem, weil man alles so richtig mit Weihrauch einräuchern konnte, dass so manchem "Schwächling" schlecht wurde. Da keiner von sich aus auf dieses "Vergnügen" verzichten wollte, kam es darüber kurz vor Beginn der "Leich" zu zunächst zischelndem, manchmal auch lautstarkem Streit in der Sakristei, den der "Hirsch", unser Mesner, mit Androhung von Kopfnüssen und dem Hinweis auf sein "Watschenrecht", das ihm unsere Eltern verliehen hätten, in geordnete Bahnen lenkte.

Der Hinweis auf sein "Watschenrecht", von dem er jedoch meines Wissens nie Gebrauch machte, es uns aber unablässig androhte, insbesondere dann, wenn wir ihm seine angerauchte Zigarre versteckt hatten, die er vor Betreten der Kirche in einer Seitennische abzulegen pflegte, war nicht aus der Luft gegriffen.
Pfarrer, Lehrer und auch der Mesner hatten in unserem Dorf von den Eltern ausgesprochen oder unausgesprochen das Recht, den ihnen anvertrauten Sprösslingen zur rechten Zeit, wenn es angemessen schien, eine "Kopfnuss" oder eine "Watsche" zu geben, um sie wieder auf den" rechten Weg" zu bringen.
Ich kann mich nicht daran erinnern, dass einer dieser drei Herren von diesem Recht jemals Gebrauch gemacht hätte.

Hätten sie es jedoch getan, so wären unsere Eltern nicht im Traum auf die Idee gekommen, sich darüber zu beschweren, sondern eher zu sagen: "Recht gschiehts dir!".

Nun läuteten bereits, kurz vor neun, alle Glocken, wir nannten es "Zammleitn", zum Zeichen, dass der Beginn der Beerdigung unmittelbar bevorstand.

Jeglicher Streit zwischen uns Ministranten war inzwischen behoben und wir formierten uns zu einem kleinen liturgischen Trauerzug. Voran der Kreuzträger, gefolgt von vier Ministranten, alle in schwarze Ministrantenkleidung gehüllt, und am Schluss der Herr Pfarrer mit einem schwarzen Chormantel bekleidet und dem schwarzen Birett auf dem Kopf.

So zogen wir langsam und feierlich zum Leichenhaus, vorbei an den Spalier bildenden Trauernden und Beerdigungsbesuchern. Inzwischen war auch der Chor mit dem Organisten und Vorsänger eingetroffen und hatte ebenfalls unmittelbar neben dem Leichenhaus Aufstellung genommen, wo der bereits verschlossene Sarg stand.

Ohne große Einleitung intonierte nun der Pfarrer laut "Pater noster!" und betete dann leise murmelnd lateinisch weiter.
Nach einigen Segensformeln, dem Besprengen des Sarges mit Weihwasser, schulterten vier kräftige Männer den Sarg und man zog durch den Friedhof hinaus auf den Dorfplatz.
Dort wurde der Sarg eine bestimmte, immer gleiche Runde getragen, quasi zum Abschied vom dörflichen Leben.

Währenddessen wechselten sich Pfarrer, Vorsänger und Chor unablässig beim Singen von Psalmen ab: "Wool-lest du He-e-err der Sünden gede-en-ken, Herr, wer könnte da noch bestehen?", intonierte der Pfarrer und der Vorsänger antwortete: "A-a-aus der Tiefe rufe ich Herr zu dir, höre o Herr meine Stimme!". Und so ging es weiter mit dem traurigen Singsang bis man am ausgehobenen Grab angelangt war.

Nun schlug zunächst die große Stunde des "Hirsch", da er für das sachgemäße Absenken des Sarges verantwortlich war und daher recht lautstark und wenig auf die angemessene Trauerstille achtend, den vier Männern, die den Sarg mit Seilen vorsichtig in die Tiefe des Grabes versenkten, Anweisungen erteilte.
Nach erfolgreich vollbrachter Tat, wobei es einmal sogar vorkam, dass der "Hirsch" ins Grab sprang, um den Sarg richtig zu positionieren, stellte er sich an das Kopfende des Grabes, senkte etwas den Kopf und man konnte deutlich sehen und hören, dass er etwas unterdrückt schluchzte.

Dafür war jedoch nicht viel Zeit, denn nun begann der Pfarrer mit seiner Traueransprache, die eigentlich immer denselben Duktus aufwies. Es wurde an das schwere und aufopfernde Leben des

Toten erinnert, eventuell seine Kriegsteilnahme herausgestellt, wenn es sich um einen ehemaligen Soldaten eines der beiden Weltkriege handelte und der plötzliche Tod oder das lange Leiden mit bewegenden Worten beschrieben. Hinterließ der Tote Frau oder Mann und kleine Kinder, so wurde dies bedauernd erwähnt und den Hinterbliebenen Trost zugesprochen und auf den unerforschlichen Ratschluss Gottes verwiesen.

Danach folgte das Requiem in der Kirche, dessen Ende für uns Ministranten oftmals schon zu lange auf sich warten ließ, denn im Anschluss daran, nach Kondolierung der Hinterbliebenen am offenen Grab, die uns jedoch nicht mehr kümmerte, wurde im Kirchenwirt der "Leichentrunk" abgehalten, auf den wir schon sehnsüchtig warteten.

Die Speisenfolge war immer dieselbe, nämlich Leberknödelsuppe, Schweinsbraten mit Knödel und Salat nach Jahreszeit. Die Knödelsuppe wurde uns auch aufgetragen, der Schweinsbraten jedoch nicht. Für uns gab es dafür Wiener Würstl, was uns jedoch nicht besonders schmerzte. Denn zum einen war dies eben so der Brauch und zum anderen hatten wir an Würsteln fast noch mehr Freude als am Schweinsbraten.

Nach gemessener Frist erschien auch der Herr Pfarrer zum Leichenschmaus sowie schließlich auch der "Hirsch", der ja noch das Grab zuschaufeln und die Kränze auf dem Grabhügel drapieren musste. Selbstverständlich saßen beide Herren nicht bei uns am Tisch, der ohnehin etwas abseits stand, sondern Hochwürden bei den Hinterbliebenen und der "Hirsch" bei seinen Spezeln.

Da wir die Verstorbenen in der Regel zwar kannten, aufgrund des großen Altersunterschiedes aber keine besondere Beziehung zu den Toten hatten, hielt sich unsere Trauer sehr in Grenzen und es dauerte meist nicht lange, bis wir allerlei Unsinn trieben.

Einmal verleitete uns der jugendliche Übermut dazu, mit dem

Löffel in die Leberspätzlesuppe zu klatschen, weil man damit den Nebenmann so schön anspritzen konnte. Selbstverständlich ließ es sich der Nachbar nicht nehmen, sich zu revanchieren, so dass unser Tisch bald einem kleinen Schlachtschiff glich.

Als der "Hirsch" unser Treiben bemerkte, bugsierte er uns unter Androhung vielfacher Kopfnüsse und Watschen, die er jedoch nicht in die Tat umsetzte, und der Vorhaltung "A Schand seids es!" aus der Gaststube hinaus.

Von da an hatten wir uns unser schönes Privileg verscherzt. Wir wurden niemals mehr zum Leichentrunk eingeladen.
Wir wussten wohl, warum das so war, fragten jedoch etwas scheinheilig später den "Hirsch", warum wir nicht mehr eingeladen werden würden.

Seine Antwort war: "Hätts ned so gsaut, hätts eine deaft!"

Meine "Berufung" oder Auch ein Hochwürden muss 'mal

Ich war ein Knirps von 10 Jahren und seit einem Jahr eifriger und begeisterter Ministrant beim Herrn Pfarrer.

Wir marschierten wieder einmal, angetan mit dem liturgischen Beerdigingsornat, mit dem Pfarrer dem Leichenwagen hinterher, der von vier schwarzen Rappen gezogen wurde, zu einem weit entfernt gelegenen Haus, wo ein Toter darauf wartete, zur Kirche gebracht zu werden, um im Leichenhaus seine vorläufig letzte Ruhe zu finden.

Als wir so gemessenen Schrittes dahingingen, richtete der Herr Pfarrer das Wort an mich und fragte mich, wie es mir denn als Ministrant so gefiele.

Ich sagte ihm, dass ich sehr gerne ministriere und es mir große Freude mache, täglich die Hl. Messe und die schönen und feierlichen Rorateämter im Advent zu besuchen.

Das Gespräch ging hin und her, soweit das als solches bezeichnen werden konnte, da ich eigentlich nur Antwort zu geben mich traute, wenn der in meinen Augen "hohe Herr", der in seinen liturgischen Gewändern mit Rauchmantel, Chorrock, Talar , Stola und Birett noch ehrerbietiger auf mich Knirps wirkte als in seinem schwarzen "Gesthintre" mit mir sprach, bis der Herr Pfarrer für mich relativ unvermittelt folgende Frage an mich richtete:

"Möchst nicht auch so etwas werden wie ich? Möchtest Du nicht auch Pfarrer werden?"

Ich war wie vom Schlag gerührt. Ich kleines "Würsterl" sollte ein **Pfarrer** werden? So etwas Hohes und Heiliges?

Ich weiß heute nicht mehr sicher, was ich darauf antwortete. Aber ich bin mir fast sicher, dass ich sofort "Ja" sagte, "das würde ich schon gerne, aber wie soll das gehen?"

Denn erstens gefiel mir wirklich das ganze kirchliche und liturgische Drumherum. Die schönen feierlichen Gewänder des Pfarrers bei der Hl. Messe, die glitzernde Monstranz bei feierlichen Hochämtern oder bei den Rorateämtern in der Adventszeit, das Brausen der Orgel und der Gesang des Chores zu Festzeiten und überhaupt der geheime und feierliche Nimbus, der den Pfarrer umgab, obwohl er persönlich ein höchst bescheidener und, wie ich später bemerkte, einfacher und natürlicher Mensch war.

Und zweitens hätte ich mich gegenüber dem hochwürdigen Herrn nicht getraut, "Nein" zu sagen. Denn wenn der Herr Pfarrer der Überzeugung ist, dass ich Pfarrer werden soll und das auch könnte, so musste es in meiner kindlichen Fantasie schon seine Richtigkeit haben.

Ich habe später leider niemals den Pfarrer gefragt, warum er damals diese Frage an mich richtete, und habe deshalb seine Beweggründe nie erfahren, obwohl ich sein Leben lang bis zu seinem Tod im biblischen Alter von 89 Jahren mit ihm in Verbindung stand.

Vielleicht war ich ihm als besonders fromm aufgefallen, was ich auch damals wirklich war, allerdings auf eine sehr kindliche Weise?

Vielleicht hatte er mich im Religionsunterricht beobachtet und mich für seine Idee für gut befunden?

Möglicherweise hatte er sich mit dem Hauptlehrer unterhalten, dem ich wohl als nicht gerade der Dümmste aufgefallen war. Denn ich hatte recht gute Noten im Zeugnis und sehr positive Bemerkungen über Mitarbeit und Fleiß von ihm bekommen.

Der Pfarrer ließ seine Zukunftsabsichten mit mir nicht mehr aus dem Auge und begab sich eines Tages, mit meinem Einverständnis, ich war mittlerweile für die Idee Feuer und Flamme, zu meinen Eltern, um mit ihnen darüber zu reden.

Für meine Eltern, einer einfachen Arbeiterfamilie, war die Vorstellung, ihr Bub solle Pfarrer werden zunächst bestürzend.
Sie waren zwar Kirchgänger und traditionell religiös, wie man auf dem Dorf eben schon so war, aber dass ihr Bub gleich Pfarrer werden sollte, das war schon ein Schlag für sie, vor allem für meinen Vater.
Er wollte zwar durchaus, dass es mir einmal besser gehen sollte als ihm, aber gleich Pfarrer werden, das war für ihn eine unbegreifliche und letztlich ungewollte Vorstellung. Lieber Bahninspektor oder Bundeswehroffizier mit einer schönen Uniform und sicherem Auskommen. Das schwebte ihm für mich vor.
Aber Pfarrer!
Dann durfte der Bub ja nicht heiraten und es gab keine Enkelkinder, wo doch die einzige Tochter ohnehin keine Kinder bekommen konnte und Enkelkinder in den Augen meiner Eltern das Größte und Wichtigste waren, wofür es sich fast als Einziges noch zu leben lohnte.

Und außerdem, das war ihnen schnell klar, würde ich mit 10 Jahren das Elternhaus verlassen müssen, um im 40 Kilometer entfernten Burghausen, wo das nächste humanistische Gymnasium sich befand, im Bischöflichen Studienseminar zu wohnen.

Da es jedoch der Herr Pfarrer war, der sie darum bat, ihrem Sohn die Möglichkeit zum Studium zu geben, und ich Feuer und Flamme für diese Idee war, gaben sie schließlich schweren Herzens nach. War ich doch das Nesthäkchen und damit das letzte Kind im Haus, das sie abgrundtief liebten, zumal sie 11 Jahre zuvor einen Sohn auf tragischste Weise verloren hatten.

Und damit stand für mich ein ganz neues Leben und eine gänzlich andere Zukunft als sie mir eigentlich in die Wiege gelegt war, bevor.

Und sie begann alsbald.

Ungefähr acht Wochen vor der Aufnahmeprüfung in das Gymnasium sagte der Pfarrer zu mir, ich solle jetzt jede Woche zweimal zu ihm ins Pfarrhaus kommen, da er mich auf die Aufnahmeprüfung vorbereiten wolle.
Offensichtlich traute er den didaktischen Methoden des Herrn Hauptlehrers nicht so ganz und wollte auf Nummer sicher gehen. Wir übten also jede Woche Rechtschrift und Grammatik und büffelten die Grundrechnungsarten, die in der Aufnahmeprüfung verlangt wurden. Offensichtlich hatte sich der Pfarrer über die Anforderungen der Aufnahmeprüfung informiert.

Im Mai war es endlich so weit. Der Tag auf den ich schon seit Wochen hinfieberte nahte.

Da die Aufnahmeprüfung im Humanistischen Gymnasium in Burghausen stattfand und drei Tage dauern sollte, die Verbindung mit Bus oder Bahn aber zwischen Burghausen und Julbach äußerst umständlich und kompliziert war, kam meine Mutter auf die Idee, uns bei ihrer Tante, die in Burghausen ein kleines Häuschen besaß, einzumieten.

An Details der Aufnahmeprüfung kann ich mich natürlich nicht mehr erinnern. Mir ist lediglich noch im Gedächtnis geblieben, dass ich sowohl von dem über Hunderte von Jahren alten Gymnasium, den Herrn Professoren, wie man damals Gymnasiallehrer nannte, ganz besonders aber von der altehrwürdigen Stadt Burghausen mit der riesig langen Burganlage, sie ist glaube ich die längste Burg Deutschlands, äußerst beeindruckt war.

Denn ich war bis dahin nie aus Julbach und Umgebung herausgekommen und hatte, außer Pfarrkirchen und Simbach/Inn mit damals gerade 7000 Einwohnern, noch nie eine richtige Stadt, geschweige denn eine Großstadt gesehen.

Die drei Tage vergingen schnell mit verschiedenen Prüfungen. Und nun begann das bange Warten am Nachmittag des dritten Tages. Hatte ich die Prüfung bestanden oder nicht?

Ich hatte sie bestanden! Und ich fuhr mit meiner Mutter überglücklich mit dem Bus heim nach Julbach.

Die Wochen vergingen und ich wartete bereits gespannt auf den September, den Schuljahresbeginn.

Wie würde es wohl werden?

Da kam mir das Angebot es Herrn Pfarrers gerade recht, mit mir mein neues Domizil, nämlich das Bischöfliche Knabenseminar in Burghausen zu besichtigen.

Da, wie schon gesagt, die Verbindung sehr schlecht war, der Pfarrer zwar ein Goggomobil besaß, aber sehr ungern und wohl auch nicht besonders gekonnt Auto fuhr, schlug er vor, mit dem Rad zu fahren.

Wir schwangen uns also auf die Räder. Der Pfarrer mit seinem schwarzen "Gesthintre" und ich kleiner Knirps mit kurzen Hosen und Stiftelkopf. Wir traten in die Pedale, um die ca. 40 Kilometer weite Strecke möglichst rasch zurückzulegen.

Um nicht auf der verkehrsreichen Hauptstraße fahren zu müssen und auch um abzukürzen, wählte der Pfarrer den Uferhochweg entlang des Inns bis zu der Stelle, wo Salzach und Inn zusammenfließen.

Dort mussten wir den Inn überqueren. Statt einer Brücke gab es eine Fähre. Den Fährmann mußte man mit einer Art "Kuhglocke" über einen Seilstrang herbeirufen musste.

Der Fährmann, ein bereits älterer Mann, der das Übersetzen von Fahrgästen nur im Nebenerwerb betrieb, kam nach einiger Zeit mit dem Fahrrad an, beäugte uns etwas merkwürdiges Gespann neugierig, fragte aber nicht, was wir vorhatten bzw. wohin wir wollten.

Am anderen Ufer angekommen, setzten wir unsere Fahrt entlang der Salzach fort und gelangten nach einiger Zeit nach Burghausen.

Der Pfarrer kannte sich dort offenbar gut aus, so dass wir bald am Bischöflichen Knabenseminar anlangten, wo wir vom Präfekten, einem jungen Priester, bereits erwartet wurden. Offenbar hatte uns der Pfarrer telefonisch bereits angekündigt.

Ich wurde dem Präfekten als neuer Seminarist vorgestellt und er zeigte mir das Seminar, die Schlafsäle mit jeweils 3o Betten, die Studierzimmer sowie die Bibliothek und schließlich Speisesaal und Kirche.

Ich war hellauf begeistert!

Das war für mich eine völlig neue Welt, in die ich äußerst begierig war, möglichst bald einzutauchen.

Zuvor und zur Kräftigung für die Heimfahrt lud mich jedoch noch der Herr Pfarrer zu einer Brotzeit in einen Biergarten der Stadt ein.
Es war für mich schon ein etwas komisches Gefühl mit dem Herrn Pfarrer, den ich mit Essen bisher nur mit Hostien in Zusammenhang gebracht hatte, bei Leberkäs und Bier, für mich gab es natürlich ein "Gracherl", wie wir zur Limonade sagten, sitzen zu sehen.

Das Gespräch wird wohl nicht sehr flüssig gewesen zu sein, denn ich war vollauf damit beschäftigt, mit dem Leberkäs meinen Hunger zu stillen und ansonsten mit der Situation zurecht zu kommen, ganz allein mit einem so hohen Herrn in einer fremden Stadt in einem Biergarten zu sitzen. Das war schon sehr eigenartig und gewöhnungsbedürftig für mich.

Auf einmal stand der Herr Pfarrer auf und ging weg. Ich weiß nicht mehr, ob er sagte, wohin er gehe. Ich beschloss jedoch aus Sicherheitsgründen und aus einem Instinkt heraus, ihm zu folgen. Denn schließlich war ich ganz allein in einer für mich großen und fremden Stadt ohne den Pfarrer.

Der Pfarrer steuerte ganz offensichtlich das WC des Biergartens an, wohin ich ihm ebenfalls folgte.
Und ich konnte es nicht glauben, der Pfarrer knöpfte sich, ich stand daneben und folgte seinem Beispiel, den Hosenlatz auf und bieselte.

Für mich brach ein Stück Fassade meiner Kinderfantasie zusammen, denn ich hatte nie daran gedacht, dass auch ein Pfarrer mal muss, denn ich kannte ihn ja nur vom Monstranz hochheben, Kommunion austeilen und anderen heiligen Handlungen.

Damit hatte ich wieder etwas sehr Wichtiges gelernt: Pfarrer müssen auch 'mal!

Über die Steingassen hinauf zum Engelamt

Advent und Weihnachten war eine für uns Kinder ganz besondere und geheimnisvolle, aber auch durchaus anstrengende Zeit.

Vieles spielte sich im Dunklen ab. So zum Beispiel das tägliche Rorate bzw. "Engelamt", wie wir diese feierliche Messfeier nannten, zu der ich als Ministrant mit vielen anderen Kindern und Erwachsenen bereits in aller Herrgottsfrühe um halb sechs die Steingasse ("Stoagossn") zum auf einer Anhöhe stehenden und bereits erleuchteten Kirchlein im "Schweinsgalopp" hocheilte.

Denn meist war ich sehr spät dran, da mich der "Bettzipfel" immer nur schwer ausließ - und bereits um 5 Uhr früh aufzustehen, und das im Advent jeden Tag , für mich nicht leicht war.

Der "Hirsch" war schon da, obwohl er ca. 5 Kilometer entfernt in einem Weiler wohnte und mit dem Fahrrad oder im Winter zu Fuß die Strecke zur Kirche zurücklegen musste.
In der Kirche herrschte zu dieser frühen Stunde bereits ein "frommes Treiben". Der Pfarrer saß schon im Beichtstuhl in dem es ,wie in der Kirche auch, bitter kalt war. Denn selbstverständlich gab es in der Kirche keine Heizung.
Er war dort nicht untätig, da es immer irgendwelche fromme, meist ältere Frauen und Männer gab, die ihre Sünden loswerden wollten.

Denn mit einer Sünde oder gar einer Todsünde, die man sich damals, nach unserer Unterweisung im Religionsunterricht, z. B. durch Schwänzen der Sonntagsmesse, schnell eingehandelt hatte zur Kommunion zu gehen, hätte wieder eine Todsünde bedeutet. Außerdem, was würden sich die Nachbarn denken, wenn man nicht zur Kommunion ginge? Hat der vielleicht eine schwere Sünde begangen? Oder gar eine Todsünde?

Tieferen theologischen Betrachtungen nachzuhängen, war nun

aber nicht der richtige Zeitpunkt, denn in der nächsten Viertelstunde musste viel erledigt werden.

Kerzen am Altar und am Adventskranz anzünden, das Rauchfass in Schwung bringen, was manchmal eine mühevolle Sache war, wenn die Kohlen trotz kräftigen Blasens nicht anbrennen wollten. Und schließlich musste man sich noch liturgisch anziehen, d.h. in den lila Talar schlüpfen, den weißen Chorrock überstreifen und den lila Ministrantenkragen umbinden.

Da hatte es der Herr Pfarrer schon leichter, denn der wurde selbstverständlich vom "Hirsch" "angezogen", indem er dem Pfarrer der Reihe nach die liturgischen Gewänder reichte, die weiße Albe sogar über den Kopf stülpte und dann, auf den Knien, damit er einen besseren Überblick hatte, durch Zupfen die Albe in die richtige Höhe brachte.
Während dieser Bekleidungszeremonie murmelte der Pfarrer in einer Art Singsang leise lateinische Gebete. Manchmal kam es vor, dass er dem "Hirsch" noch etwas auftrug, wobei er ihn dabei mit "Herr Hirsch" anredete. Selbstverständlich titulierte auch der "Hirsch" den Pfarrer mit "Herr".

Dies war im Dorfleben eigentlich etwas Ungewöhnliches, da sich Jung und Alt mit "Du" ansprachen und dabei, wenn man nicht näher bekannt oder gar verwandt war, nicht den Vornamen, sondern den Nachnamen verwendeten.
Wir Ministranten sprachen deshalb ganz selbstverständlich, manchmal auch mit stillem Vergnügen, wenn uns gerade die "schöne" Kombination bewusst war, den "Hirsch" mit "Du, Hirsch" an, falls wir etwas von ihm wollten. Dies war für den "Hirsch" jedoch keineswegs eine Minderung seiner Autorität oder gar eine Beleidigung. Es war auch nicht unhöflich, sondern ganz normal und üblich.

Nach einigen Jahren Gymnasialzeit kam mir diese Anrede als etwas gar provinziell vor und ich sprach den "Hirsch" eines Tages

mit "Herr Hirsch" an. Seine prompte Antwort war "Der Herr schläft", was mir signalisieren sollte, dass er die "Herr-Anrede" für unpassend fand.
Ich machte noch einen Rettungsversuch für meine neue "Etikette" und hielt ihm vor, dass ihn doch auch der Herr Pfarrer mit "Herr" anspräche, worauf der "Hirsch" mit salomonischer Weisheit entschied, dass der Herr Pfarrer eben auch ein "Herr" sei, während ich nur ein kleiner "Rotzlöffel" wäre.

Und so blieb es bei der alten Anrede, die ohnehin viel schöner war.

Das Rorate in der voll besetzten Kirche nahm nun seinen Verlauf voller Feierlichkeit, die für einen Werktag in der Dorfkirche etwas sehr Außergewöhnliches war, weil ansonsten nur eine stille Messe vor einem Häuflein alter Weiblein und frommer alter Männer, die aus Altersgründen schon lange keiner regelmäßigen Berufstätigkeit mehr nachgingen gelesen wurde.

Nun aber glitzerte die Kirche im Lichterglanz, die ausgestellte goldene Monstranz funkelte und die Orgel brauste zum Chorgesang. "Pange, lingua", "Tauet, Himmel, den Gerechten" oder "Macht hoch die Tür" waren die immer wieder mit Inbrunst gesungenen Lieder.

Gänzlich unbeeindruckt von diesem weihevollen Geschehen, stand der "Hirsch" während des Rorates die meiste Zeit im Rahmen der Sakristeitüre, wovon er das alles, insbesondere uns Bürschchen, gut im Blick hatte und dirigierte uns mit im ganzen Gotteshaus deutlich vernehmlichen Zischlauten: "Ssstt", "Ssstt" tönte er, und das bedeutete für uns in ganz bestimmter Weise tätig zu werden, z. B. das Messbuch auf die andere Altarseite zu tragen, dem Pfarrer das Weihrauchfass zu bringen oder ähnliches.

Er wich von seinem Kommandoposten nur, um die Kirchensammlung vorzunehmen. Dafür hatte er eine Art hölzernen Kasten, der

an einen Holzstil montiert war, der etwas hyperbolische Ausdruck hierfür wäre "Klingelbeutel". Mit diesem Gerät "kassierte" er die Leute in den einzelnen Bänken ab, wobei er jedesmal, wenn jemand seine Spende gab, laut und vernehmlich rief "Geizgood" (Vergeltsgott). Von der Opferung bis nach der Wandlung ertönte im ganzen Kirchenschiff laut und monoton "Hirschens "Geizgood", "Geizgood", "Geizgood".
Der "Hirsch" gönnte sich sogar während der feierlichen Stille nach der hl. Wandlung keine Pause, was natürlich nicht gerade zur Würde der hochheiligen Handlung beitrug.

War die Sammlung abgeschlossen verzog sich der "Hirsch", breitbeinig durch das Kirchschiff stapfend, vor dem Allerheiligsten eine Kniebeuge andeutend, die jedoch eher nach einem Knicks aussah, mit seinem "Klingelbeutel" wie mit einer Trophäe in seine Sakristei.

Man hörte kurz darauf das Geklirre und Scheppern von Münzen, wenn man sie auf einem Holztisch ausschüttet, und dann den tiefen und lauten Bass des "Hirsch" mit "fufzge", "sechzge", "neizge", "oa Mark", "a Markzehne" usw. .

Wenn Hirschs laute Zählstimme verstummte, war klar, dass die heutigen Sammeleinnahmen feststanden. Hirsch konnte wieder seine Kommandobrücke in der Sakristeitüre einnehmen und dort nach dem Rechten schauen.

Dem Herrn Pfarrer muss diese Art der Sammlungsaktion des "Hirsch" ein Dorn im Auge gewesen sein, da sie ja nachhaltig die Würde der hl. Handlung störte, auf die der fromme Herr besonderen Wert legte.
Eines Tages wurden an den Ausgangstüren große Opferstöcke angebracht und die Gottesdienstbesucher gebeten, dort beim Hinausgehen nach dem Gottesdienst ihr Scherflein einzulegen.

Und damit war der "Hirsch" seine wichtige Sammelaufgabe los, was ihn schon etwas verdross, jedoch gegenüber dem Herrn Pfarrer keine Widerrede für ziemlich hielt.

Gegen Ende des Rorates dämmerte langsam der Wintertag herauf. Es war nun ungefähr halb acht Uhr früh, also zu früh, um in die Schule zu gehen und zu spät, heim zu gehen. Dies machte mir jedoch nicht viel aus, da ich mich nach dem Engelamt regelmäßig in die Backstube der gegenüber der Kirche befindlichen Dorfbäckerei, zum Bäcker Franze, verzog, wo es himmlisch warm war und wunderbar nach frischen Brezen, Semmeln und frisch gebackenem Brot roch.

Eine frische, vom Bäcker Franze spendierte Breze war etwas Wunderbares, zumal ich ja nichts im Magen hatte, da man damals noch nüchtern sein musste, um die hl. Kommunion würdig empfangen zu können.
Und im Engelamt zu kommunizieren, war natürlich selbstverständlich und Ehrensache.

Ebenfalls im Dunklen spielten sich die Geschehnisse am Nikolaustag ab.

Natürlich kam zu den kleinen Kindern der Hl. Nikolaus, der meist von Knecht Rupprecht, wir nannten ihn etwas respektlos "Kramperl", begleitet wurde.
Da war immer wieder ein geheimnisvolles Kettengerassel im ganzen Ort zu hören- und man traute sich als auch schon größeres Kind nicht ohne etwas Bammel auf die Straße, auch wenn man nicht mehr an den Nikolaus und den "Kramperl" oder den "Glaubauf" glaubte.

Wir taten es natürlich trotzdem, weil es ein so schön schauriges Gefühl war, wenn man dem "Kramperl" mit dem "Heiligen" begegnete.
Denn es konnte durchaus sein, dass der "Kramperl" einem nach-

lief, laut die Kette klirren ließ, mit der Rute drohte und den Versuch andeutete, uns in seinen Sack zu stecken.

Der Hl. Abend war gekommen.

In jedem Haus stand ein mit viel Lametta, Kugeln und Kerzen geschmückter Christbaum, der jedoch nicht vom Weihnachtsbaummarkt stammte, den es nicht gab, sondern vom Vater oder einem größeren Sohn mit oder auch manchmal ohne Einverständnis des Waldbesitzers aus dem nahen Wald geholt worden war.

Jede Familie hatte ihre eigene Feiertradition. Bei uns gab es, nach einem Gebet für die Verstorbenen, jedesmal Weißwürste mit Semmeln und Brezen.

Danach wurden die Geschenke verteilt, die meiner Erinnerung nach in der Regel aus praktischen Dingen bestanden: ein neuer Pullover, dicke Winterhandschuhe, Winterschuhe oder -socken. Für kleinere Kinder konnte auch manchmal eine Spielzeugeisenbahn zum Aufziehen, ein Kreisel oder sogar ein Schlitten dabei sein.

Den Eltern schenkten die Kinder gerne Bastelarbeiten. Zumindest ich "traktierte" meine Eltern gerne mit Laubsägearbeiten, die recht und schlecht farbig bemalt, eine Art Wandschmuck hergeben sollten.

Nach vielen Weihnachtsliedern, Plätzchen und Glühwein für die Erwachsenen, brach man zur vorgerückten Stunde zur Christmette auf, die jedes Jahr um 12.00 Uhr begann.

Jedes Jahr begann die "Metten" mit einem feierlichen Hirtenspiel, das vom Pfarrer einstudiert, die jeweiligen Kommunionkinder zur Freude und Rührung ihrer Eltern aufführten. Der Höhepunkt dabei war der Auftritt des "Verkündigungsengels", der, eingehüllt in

eine Art weißem "Brautkleid", die frohe Botschaft von der Geburt Christi den Hirten singend verkündete.
Obwohl sich diese Zeremonie jedes Jahr völlig identisch wiederholte, der Pfarrer hielt wohl wenig von Abwechslung und Experimenten, war es immer wieder schön und rührte, vor allem die Eltern der auftretenden Kinder zu Tränen.

Danach begann ein feierliches Hochamt, das bis tief in die Nacht hinein währte, da es der Pfarrer sich nicht nehmen ließ, an diesem hochheiligen Tag besonders ausführlich und eindringlich zu predigen und der Chor immer wieder zu neuen Liedern und Gesängen anhob.

"Schön war's wieder", sagten die Dörfler danach zueinander, wünschten sich "Gute Feiertage" und stapften durch den Schnee und die Dunkelheit ihren oftmals weit entlegenen Behausungen entgegen.

Der Höhepunkt einer spannungsgeladenen Zeit, des Advents, war praktisch vorüber, obwohl noch die beiden Weihnachtsfeiertage und schließlich "Hl. Drei Könige" anstanden, die jedoch nur mehr für uns "Ausläufer" von Weihnachten waren.

Eine "Graffegruam" tut's auch

"Kinder, stellt die Tonne an die Straße, denn morgen kommt die Müllabfuhr!" war ein elterlicher Auftrag, der uns Kinder damals garantiert nicht ereilen konnte, denn es gab im ganzen Ort keine öffentliche Müllbeseitigung.

Dennoch ertranken wir deshalb nicht im Müll, wie man nach heutiger Erfahrung, wenn die Müllmänner `mal streiken, meinen möchte. Im Gegenteil! Das Dorf war blitzsauber und dafür war jeder einzelne Haushalt selbst verantwortlich.

Und das ging so:

Zunächst fiel schon nicht so viel Müll wie heute an, da es weitgehend an aufwendigen Verpackungen fehlte. Wenn man z.B. neue Möbel bekam, so waren diese nicht in riesige Kartons verpackt oder in Plastik verschweißt, da sie vom Ortsschreiner angefertigt und ohne aufwendige Verpackung ins Haus geliefert wurden.

Auch im Lebensmittelbereich gab es viel weniger Verpackungen als heute, da man Vieles, zumindest in meiner frühesten Jugend, offen beim "Kramer" bekam und für den Heimtransport des Einkaufs eine Einkaufstasche oder einen Korb, "schlimmstenfalls" eine Schachtel benützte, die man zu Hause im Holzofen verbrannte.

Da in jedem Haushalt ein solcher Ofen vorhanden war und damit auch das Haus, in jedem Fall die Küche geheizt wurde - ich erinnere mich im ganzen Ort an kein Haus, das damals eine Zentralheizung besessen hätte - wurde jeder brennbare Müll sogar gerne im Küchenherd verbrannt, da man damit sonstiges Heizmaterial sparte.

Handelte es sich um größeren, unförmigen Brennmüll, so konnte es schon vorkommen, dass man im Garten von Zeit zu Zeit ein kleines Feuerchen anmachte, um diesen zu verbrennen. In jedem Fall verfuhr man so mit dem verdorrten Kartoffelkraut im Herbst im Garten wie auch auf dem Feld sowie mit Resten des Baumschnittes, die für den Küchenofen nicht geeignet waren.

Natürlich wurden dabei vom Nachbarn nicht sofort die Feuerwehr oder gar die Polizei wegen Geruchsbelästigung gerufen, da es sich hierbei um eine ganz normale und übliche, von jedem Dorfbewohner praktizierte Form der Müllbeseitigung handelte.

Besonders schön für uns Kinder waren die "Kartoffelfeuer" im Herbst, da wir daraus einen Sport und eine Mutprobe machten, über oder sogar durchs Feuer zu springen. Auch schmeckten mitgebratene Kartoffeln, auch wenn sie ganz schwarz und bereits etwas verkohlt waren, äußerst köstlich. Allerdings hatte man nach dem "Genuss" kohlrabenschwarze Hände und einen rußverschmierten Mund, was uns jedoch nichts ausmachte, sondern sogar das Vergnügen steigerte.

Soweit es sich um Abfall aus der Küche, wie z.B. Obst- und Gemüsereste, handelte, kamen diese auf den schon damals selbstverständlich vorhandenen Komposthaufen, auf dem im Sommer dickleibige Kürbisse wuchsen. Hatte man ein Schwein, was nicht selten zur Aufbesserung der Speisekarte auch von Leuten ohne Landwirtschaft in einem Verschlag in der "Schupfa" (Hütte zur Aufbewahrung von Holz und diversen Gerätschaften) gehalten wurde, bekam natürlich die "Sau" die Reste zur "Weiterverarbeitung" nach dem Motto:
"I ies Kadoffen east dann, wens d`Sau gfressn hod!".

Jeglicher Abfall, der nicht auf diese, bisher beschriebene Weise "beseitigt" werden konnte, wanderte in die sog. "Graffegruam"(Abfallgrube), die am Ortsrand hinter Büschen angelegt war. Von Zeit zu Zeit, wenn sich etwas angesammelt hatte, fuhren der Vater oder bereits ältere Söhne mit der "Raldrogn" (Schubkarre) den Müll dorthin.

Für uns Buben" war die "Graffegruam" eine äußerst attraktive "Fundgrube", in der wir gerne und oft nach für uns noch brauchbaren Dingen stöberten und auch fanden.
Eine alte verbeulte Uhr, die man "zdriefen" (in Einzelteile zerlegen) konnte, die Räder eines unbrauchbar gewordenen Kinderwagens oder verrostete Drähte, alte Batterien und ähnliches waren für uns wertvolle Funde, mit denen man so manche "Konstruktion" erstellen konnte.

Allerdings kann man sich die Begeisterung der Eltern lebhaft vorstellen, wenn ihr Sprössling Abfall, den man eben weg gebracht zu haben glaubte, oder den Abfall anderer Leute wieder ins Haus brachte.

Am begehrtesten für uns waren Eisenteile, die wir ab und zu fanden, da dies für uns Buben bares Geld bedeutete, und eine willkommene, wenn auch magere Einkommensquelle für uns war.
Denn ein-, zweimal im Jahr kam der "Eisendandler" ins Dorf, der uns das Metall für ein paar "Zehnerl", bestenfalls ein, zwei "Markl" abkaufte. "Der "Dandler" wog das Metall auf einer Waage mit verschiedenen Gewichten aus, murmelte dabei, dass das "Zeig" eigentlich nichts wert sei, zahlte dann jedoch sofort in bar aus.

Für einige "Guatln" (Bonbons) oder einen "Bumbskopf" (Mohrenkopf) reichte es allemal.

Und, dass man mit "Graffe" (unnützen Dingen) so hervorragende Geschäfte machen konnte, war für uns Kinder das Überraschendste und Schönste an der ganzen Müllverwertung und ein äußerst wertvoller pädagogischer Beitrag zur sinnvollen Müllverwertung nebenbei.

Es muss nicht immer ein Bolzplatz sein

In meiner Kinderzeit gab es im ganzen Dorf keinen offiziell angelegten Spiel-, Abenteuerspiel- oder Bolzplatz und auch keinen Fußballplatz.

Dafür gab es aber viele Wiesen, Weiher, Bäche und den nahen Wald auf dem Höhenzug, an den sich Julbach anschmiegt, vor allem aber den Schlossberg mit seinen vielen Schluchten, "Wegerln", unterirdischen Gängen und dem geheimnisvollen Burgbrunnen.

Außerdem befand sich oben in der Hölle" ("in da Hej"), in der Nähe der "Himmelsstiege" ("Himmeschdiang"), wo zu Grafenszeiten die zum Tode Verurteilten ihren letzten Gang machten, ein steiler Hang, der sich im Winter hervorragend für uns Kinder zum Ski fahren eignete.
Etwas großspurig, um unsere Fahrkünste noch mehr zu betonen, nannten wir dieses Skigelände "Berg- und Talbahn".

Natürlich gab es hier keinen Lift, und man musste die "Brettl" schon selbst schultern und den Hang hinaufschleppen. Unsere Fahrkünste waren auch recht bescheiden, da wir keine Anleitung hatten, und kaum ein Erwachsener diesen Sport betrieb. Wir praktizierten eigentlich nur die "Schussfahrt", d. h. wir sausten ohne Bögen zu fahren den Steilhang hinunter und beendeten unten die Höllenfahrt mit einem sog. "Kristl".
Der bestand darin, dass man durch einen einmaligen, kraftvollen Abschwung zum Stehen kam, wobei die Höhe des aufstiebenden Schnees den Grad der Fahrkunst und des Mutes des Fahrers signalisieren sollte.

Der vom Dorf durch eine steile Schlucht zur "Hölle" führende Fahrweg gab eine hervorragende Möglichkeit für halsbrecherische Schlittenfahrten ab, die wir im Winter sehr eifrig nützten. Kletterte man genügend weit mit seinem Schlitten den Höhenzug hinauf, so konnte man einige Kilometer lang bis ins Dorf abfahren. Nicht selten wurden dabei Schlittenrennen ausgetragen, an denen sich auch manchmal Erwachsene, ja sogar ältere Frauen und Männer beteiligten.

Schlittschuh fahren auf den zugefrorenen Weihern war weniger verbreitet, da nicht viele Kinder Schlittschuhe besaßen. Wir Buben sahen diesen Sport auch eher als "weibisch" an, weshalb wir ihn etwas verachteten und lieber auf dem gefrorenen Eisweiher "schliefizten".

Zum "Schliefizen" nahm man einen gehörigen Anlauf und versuchte auf seinem normalen Schuhwerk so weit wie möglich auf dem Eis entlang zu rutschen. Wer am weitesten rutschen konnte, war Sieger.
Natürlich wurden zwischendrin Schneeballschlachten ausgetragen, Schneemänner oder Schneeburgen gebaut. Am schönsten empfanden wir es aber, uns gegenseitig "einzureiben", das heißt mit Schnee dem anderen das Gesicht zu "polieren".

Glücklich war man als Bub, je älter wir wurden um so glücklicher, wenn man ein Mädchen, noch dazu das angebetete, "einreiben" konnte, das zugleich auch als eine Art "Liebesbekenntnis" galt, was man jedoch um keinen Preis der Welt zugegeben hätte.

Sobald es jahreszeitlich ging, war Fußball angesagt. Nicht jeder hatte einen Fußball, aber einer war immer vorhanden.
Zum Spiel war nicht viel an Vorbereitung notwendig. Wir suchten uns eine Wiese, die gerade abgemäht war, markierten mit Pflöcken oder auch nur mit Pullovern oder Steinen, die wir auf den Boden legten, die Tore und los ging es.
Einen Schiedsrichter gab es nicht. Die "Legitimität" von Elfmetern oder einem "Aus" wurde lautstark unter den beiden Mannschaften ausgetragen.
Gerauft wurde selten, es war jedoch nicht völlig ausgeschlossen,

wenn es darum ging, Gerechtigkeit mit "anderen Mitteln" herzustellen. Einmal in den "Schwitzkasten" genommen, war man geneigt, so manchen bestrittenen Elfmeter als richtig anzuerkennen.

Ich wurde meist ins Tor abkommandiert, weil ich auf dem freien Spielfeld zu langsam und ungeschickt war, im Tor jedoch viel Platz durch meinen Körper abdecken konnte.
Sich mit voller Wucht in den Dreck zu schmeißen, wenn der Ball in das Tor geschmettert wurde, war zwar nicht immer von Erfolg gekrönt, jedoch sehr eindrucksvoll und notwendig zur Ehrenrettung vor der eigenen Mannschaft, da man damit demonstrieren konnte, alles Menschenmögliche getan zu haben, um die Mannschaftsehre zu retten.

Eine große Leidenschaft von uns Buben war es, im Dorfbach zu fischen. Wir taten dies jedoch etwas außerhalb des Dorfes, weil wir wussten, dass es eigentlich verboten war.
Aufgrund unserer Ausrüstung, einem Stecken mit Silkfaden und Angelhaken mit Wurm, hätten wir uns eigentlich darüber keine großen Sorgen machen müssen, denn wir fingen nie einen Fisch, den man so hätte nennen können, höchstens Fischleins, denen wir das Leben wiedergaben, da sie für nichts, zumindest nicht zum Essen zu gebrauchen waren. Dennoch war die Tätigkeit des Fischens an sich für uns eine aufregende und abenteuerliche Sache, zumal es verboten war, was aber gerade den besonderen Reiz darstellte.

Ein sehr beliebter Aufenthaltsort für uns war der Wald, der den Höhenzug, an dem Julbach liegt, krönt. Aus Pflicht befanden wir uns dort manchmal mit unseren Eltern, um Brennholz für unseren heimischen Herd zu sammeln oder um Heidelbeeren ("Hoawa"), Brombeeren ("Browa")oder Himbeeren ("Moiwa")zu pflücken, von denen es reichlich gab und die beim Krämer für gutes Geld verkauft werden konnten. Fanden wir im Wald Pilze ("Schwammerl") verkauften wir sie nicht, sondern verspeisten sie selbst.

Am liebsten hielten wir uns aber im Wald aus *eigenem* Antrieb auf, da es dort Lianen gab, die wir, als wir schon etwas "erwachsener" waren, in 10 cm lange Stückchen schnitten und als Zigarettenersatz rauchten. Uns wurde dabei regelmäßig schlecht, aber es war eine schon sehr würdevolle und vermeintlich erwachsene Handlung.

Viel "gesünder" war es, wenn wir Birken anbohrten, um den begehrten Birkensaft zu gewinnen. Irgendwer hatte uns erzählt, dass dieser Saft das beste Haarwuchsmittel wäre, das es gibt.

Wenn die Eltern es gewusst hätten, wären ihnen vor Angst die Haare zu Berge gestanden.
Wir hatten einen unterirdischen Gang in einer Sandgrube entdeckt, der vermutlich aus einer Notzeit stammte, möglicherweise aus dem 1. Weltkrieg, in den wir regelmäßig hineinkrochen. Der Gang war ca. 20 m lang und konnte nur durch ein enges Loch begangen werden, in das wir nur mit Müh und Not hindurchschlüpfen konnten.

Große Geister müssen uns nicht geleitet haben, denn eines Tages kamen wir auf die glorreiche Idee, im Inneren des unterirdischen Ganges ein Feuer zu entzünden. Da natürlich kein Rauchabzug vorhanden war, konnten wir uns nur mühsam vor dem Erstickungstod durch raschen Rückzug retten.
Mir stehen heute als glücklicher Vater einer Tochter noch nachträglich vor Angst die Haare zu Berge, wenn ich an diese Situation nur denke.

Das größte Geheimnis, das uns unablässig beschäftigte, war jedoch der Schlossberg.

Mit dem Sepperl zur Schatzsuche auf dem Schlossberg

Es gab wohl damals kein Kind in Julbach, das nicht schon einmal auf dem Schlossberg gewesen wäre, dessen Hänge gleich hinter den letzten Häusern des Dorfes anstiegen. Und es war auch kein Ort im Dorf für uns so geheimnisumwittert und auch etwas gruselig, außer vielleicht dem Leichenhaus, wie der Schlossberg.

Geschürt wurde unsere kindliche Fantasie noch durch den Heimatkundeunterricht in der Schule, in dem wir vom "Lehrerfrein" erfuhren, dass auf dem Schloss einmal ein fürchterlicher Mord passiert sei.
Als in "grauer Vorzeit" der Julbacher Graf mit dem Kaiser in das Hl. Land zum Kreuzzug aufbrach, vertraute er seine innig geliebte Frau seinem Verwalter an mit der Bitte sie zu beschützen.
Als der Graf jedoch nach vielen Jahren, völlig entkräftet und mit schlohweissem Haar, auf den Schlossberg zurückkehrte, musste er feststellen, dass sein Verwalter ihn hintergangen hatte und dabei war, sich zum Grafen von Julbach ausrufen zu lassen und die Frau Gräfin zu zwingen, seine Gemahlin zu werden.

Unter einem Vorwand bat der alte Graf den Verwalter auf die Zinne des Schlosses und tötete diesen, indem er die dort befindliche Falltüre betätigte, auf der der untreue Verwalter stand, so dass dieser sich viele Meter hinunter zu Tode stürzte.

Man sagte, dass der Geist des bösen Verwalters noch heute in mondhellen Nächten auf dem Schlossberg herumspuke, da seine arme Seele keine Ruhe finden könne.

Und noch etwas beflügelte unsere kindliche Abenteurerseele. Alte Leute im Dorf erzählten, dass auf dem Julbacher Schloss auch Raubritter gelebt hätten, die die auf dem nahen Inn vorbeifahrenden Handelsschiffe überfallen hätten. Damit sie ihr "Handwerk" besser und unbemerkter ausüben konnten, hätten sie vom Schlossberg bis zum Inn, das sind ungefähr 5 Kilometer, einen unterirdischen Gang gegraben, der noch heute existieren würde.

Überhaupt wäre der ganze Schlossberg von unterirdischen Gängen durchzogen und in einem befände sich ein riesiger Schatz, der dort von den Raubrittern vor dem hereinbrechenden Feind versteckt worden wäre.

Dem Sepperl, meinem damals besten Freund, und mir gingen diese Geschichten nicht mehr aus dem Kopf.
Und eines Tages beschlossen wir, den Schatz in den unterirdischen Gängen auf dem Schlossberg zu suchen.

Wir entwendeten heimlich aus den Werkzeugschuppen unserer Väter Spaten und Spitzhacke und schleppten die für uns zehn- oder elfjährigen Bürschchen doch recht schweren Werkzeuge in der abendlichen Dunkelheit durchs Dorf an den Fuß des Schlossberges, wo wir sie bis zum nächsten Tag versteckten.
Denn erstens sollte niemand vorschnell von unserer geheimen Mission erfahren und uns den Schatz eventuell vor der Nase wegschnappen. Und zweitens, so schlau waren wir doch schon, kam uns die Sache doch etwas ungeheuerlich und auch ein bisschen fragwürdig vor, so dass wir uns bei einem Misslingen des Schatzunternehmens nicht dem Spott der Leute, vor allem dem unserer Kameraden aussetzen wollten.

Am nächsten Tag nach der Schule holten wir die Werkzeuge aus dem Versteck und schleppten sie mit viel Mühe den sehr steilen Schlossberg hinauf, was für uns Knirpse ein echtes Stück Arbeit war.

Wie sollten wir vorgehen? Wir hatten ja keinen Schatzplan oder ähnliches- und der Schlossberg war groß.

Sollte er in der Nähe des noch existierenden Schlossbrunnens vergraben sein? Aus irgendeiner, sicherlich "tiefgründigen" Überlegung verwarfen wir diese Idee.

Wir beschlossen, nach einem Eingang in die unterirdischen Gänge zu suchen, wo wir den Schatz in erster Linie vermuteten, und durchstreiften zu diesem Behufe das Gelände. Es dauerte lange, tagelang, bis wir fündig wurden.

Wir hatten eine lochartige Höhle erspäht, von der ich heute mit großer Sicherheit annehme, dass es sich um ein verlassenes Fuchsloch oder einen aufgegebenen Dachsbau handelte.

Überglücklich über unseren Fund traten wir unseren Heimweg ins Dorf an, da es schon spät geworden war und man als Kind damals spätestens beim "Gebetläuten" daheim sein musste.

Am nächsten Nachmittag begann unsere Grabarbeit, die noch viele Tage währen sollte. Als wir nach tagelanger Schufterei keinen Schritt weiter gekommen waren, weit und breit kein unterirdischer Gang, geschweige denn ein Schatz zu sehen war, machten wir eine Lagebesprechung und befanden, dass wir wohl nicht an der richtigen Stelle gegraben hätten.

Da wir jedoch der tiefen Überzeugung waren, dass der Schatz ja irgendwo sein müsse, begann erneut eine fieberhafte Suche nach eventuellen Einstiegen in die unterirdischen Gänge.
Leider wurde unsere Schatzsuche durch die lästigen Schulvormittage immer wieder unterbrochen und verzögert. Jeden Nachmittag waren wir jedoch auf dem Schlossberg am Werk. Und wir fanden auch das eine und das andere Loch, das wir mit Spaten und Spitzhacke durchwühlten, jedoch immer vergebens.

Schließlich mussten wir uns eingestehen, dass wir nicht fündig werden würden und gaben unser Projekt auf.
Wir erzählten jedoch niemandem von unserem Unternehmen, da wir im Grunde unseres Herzens von der Existenz des Schatzes

auch nach unserem Scheitern zutiefst überzeugt waren, und es nicht riskieren wollten, dass er jemand anderen in die Hände fallen sollte.

Ohne es uns einzugestehen, schämten wir uns auch ein bisschen wegen unserer vergeblichen Schatzsuche.

Ohne Kindergarten geht's auch

Was ein Kindergarten ist, war mir als Bub gänzlich unklar.

Denn in Julbach und den meisten Nachbarortschaften gab es keinen.

Lediglich im für uns "städtischen" Simbach und bei den "g´schbinnerden" Kirchdorfern, einer ca. 5 km entfernten Nachbargemeinde, die den Julbachern immer etwas voraus sein wollte, hörte man, dass es so etwas wie einen "Kindergarten" geben sollte. Die hatten ja schließlich auch so etwas Modernes wie ein Kino bzw. "Lichtspiele", wie man damals sagte.

In Julbach wäre damals die Idee eines Kindergartens undenkbar gewesen, ja man kam nicht einmal auf die Idee, darüber nachzudenken.
Hätte ein Gemeinderat oder der Bürgermeister diesen Vorschlag auf das Tapet gebracht, so wäre man ihm völlig verständnislos begegnet, vielleicht sogar empört über ihn hergefallen.

Deshalb war ein Kindergarten zu meiner Zeit nie ein Thema im Dorf.

Es funktionierte doch auch ohne so eine Einrichtung alles wunderbar!

Da die traditionelle Rollenverteilung im Dorf so gut wie ohne Einschränkung praktiziert wurde, gingen die Männer einem Brotberuf nach und brachten das Geld heim, während sich die Frauen um Haus und Hof kümmerten und zu Hause waren. Ich kenne aus dieser Zeit keine verheiratete Frau aus dem Dorf, die einer Beschäftigung außer Haus nachgegangen wäre.

Heimarbeiten, wie z.B. Geschenktüten oder mit Bast umwickelte Schmuckketten herstellen, ja, das taten in den späteren Jahren

meiner Kindheit so manche Frauen des Ortes, um sich ein kleines Taschengeld dazu zu verdienen.
Aber außer Haus war keine, schon auch deshalb nicht, weil es keine für Frauen geeignete Arbeitsplätze gab. Das kam erst später.

Also gab es keinen einsichtigen Grund, die Kinder in einen Kindergarten zu geben.

Hätte es dennoch eine Frau gewagt, ihr Kind in den Kindergarten nach Simbach oder Kirchdorf zu geben, was ohnehin aufgrund der Verkehrslage und mangelnder Transportmittel eigentlich fast unmöglich gewesen wäre, so hätten sie uneingeschränkt alle Nachbarn und vor allem Nachbarinnen der absoluten Faulheit und mangelnden Mutterliebe bezichtigt.

Denn, wofür war eine Mutter und Ehefrau schließlich da?
Doch in erster Linie für die Erziehung der Kinder und für die Sorge um Haushalt, Haus und Hof. Und darüber wachten die Frauen fast eifersüchtiger als die Männer, denn dies war schließlich ihre ureigene Domäne, wenn sie schon keinem Beruf außer Haus nachgingen.

Ihr Beruf waren eben die Familie, die Kinder und der Haushalt!

Also wuchsen alle Julbacher Kinder bis zum Eintritt in die 1. Klasse Volksschule ohne den Einfluss und die Erziehung durch einen Kindergarten auf.

Ob ihnen dies geschadet hat, kann ich nicht beurteilen.

Auf jeden Fall war es für die Kinder sicher schön, ihre kindliche Freiheit bis zum Schuleintritt zu genießen und nicht um Punkt acht Uhr schon als 4-Jähriger mit seinem Kindergartentäschchen mit eingepackter Brotzeit irgendwo sein zu müssen.

Spielen konnte man auch mit den Geschwistern und den Nach-

barskindern, wovon es genug gab, und statt eines öffentlichen Kinderspielplatzes gab es in den meisten Haushalten auch einen Garten sowie viele Wiesen und Plätze in der näheren Umgebung zum Herumtollen.
Hier hatten die Kinder Auslauf im Überfluss und auch Gelegenheit zur sog. sozialen Erziehung, die sich hier aber von selber und nebenbei vollzog.

Der einzige Nachteil könnte vielleicht im sprachlichen Bereich gelegen sein.

Im Dorf sprach jeder, außer dem Herrn Hauptlehrer, der nicht aus Bayern stammte, ausgeprägten niederbairischen Dialekt. Selbst der Pfarrer sprach bairisch, wenn er nicht gerade predigte oder die Messe las.
Und wäre jemand aus dem Dorf auf die Idee gekommen, im normalen Alltag hochdeutsch zu sprechen, was viele sowieso nur mit Mühe und Widerwillen beherrschten, hätte man ihn für "g'schbinnert" erklärt und gesagt " du bist "übergschnappt".

Fernsehen gab es kaum und die meist gehörten Rundfunksendungen, wie z. B. die "Weiß-blaue-Drehorgel", an die ich mich noch gerne erinnere, waren wiederum Sendungen in bairischer Sprache.
Eine der wenigen Sendungen in hochdeutscher Sprache, die ich, aber ohne Verständnis und nur mit einem Ohr hörte, waren die Nachrichten , der Wetterbericht und die Lottozahlen am Samstag, die mein Vater regelmäßig und aufmerksam hörte.

Und unsere Sprache war urig und treffsicher mit Ausdrücken wie z. B. "do iss wax", " a dafeida Erepfe", "gib ma Bost, wennst grementig bist"(benachrichtige mich, wenn du krank bist)," a Mei voi Pfuideife", was kaum ins Hochdeutsche übersetzt werden kann.

Wir fuhren "in Simbo owi", auf " Minga auffe", auf "Pfakiacha ummi" und "in de Beag eini". Im Sommer gingen wir in "Woid" zum

"Hoawan" (Heidelbeeren pflücken), "brockten Moiwa" (Himbeeren) und "Browa" (Brombeeren), holten abends "d´Mille" vom Bauern und warfen "dagraweds Broud" (verschimmeltes Brot) weg.

Wenn einem schlecht war, weil er vielleicht einen "Ruas" (Rausch) hatte, so musste er "schbeim" . War er noch jung an Jahren, so konnte er dafür eventuell auch eine "Fotzn" bekommen.
Ich erinnere mich noch gut an die staunend rätselnden Münchner, als ich mich am Anfang meiner Studentenzeit wegen einer Verspätung mit der Begründung entschuldigte, "I hob nu mid jemand gschmatzt", da für die Oberbayern "schmatzen" nur "geräuschvoll essen" und nicht "unterhalten"" oder "ratschen" bedeutet.

So kamen die Julbacher Kinder ähnlich wie sprachliche "Naturkinder" in die 1. Klasse zum "Lehrerfrein", die sicherlich ihre liebe Not hatte, ihnen die hochdeutsche Sprache und Rechtschrift beizubringen.
So mancher lernte es wohl nie so ganz, wobei man nicht sicher sagen kann, ob ihm dies letztlich nachhaltig geschadet hat.

Ich habe später, als ich nach meinem Theologiestudium mich nicht dem Priesterberuf, sondern dem Studium der Germanistik und allgemein mehr der Wissenschaft zuwandte, mich im Rahmen meiner Doktorarbeit mit diesem Phänomen beschäftigt und Erstaunliches dabei herausgebracht, was jedoch hier zu weit führen würde.

Die Julbacher Schulkinder sind jedoch alle ihren Weg gegangen und haben ihr gutes Auskommen gefunden.

Die "Bäcker-Mare"

Die "Bäcker-Mare", im Julbacher O-Ton die "Begga - Mare", war für uns Kinder im Dorf so etwas wie die "Ur-Brot-Mutter".

Obwohl es im Ort ja noch eine zweite Bäckerei gab, die allerdings auch etwas kleiner und nicht so zentral gelegen war, verband ich Brot, Semmeln sowie Brezen untrennbar und fast symbiotisch mit der "Bäcker-Mare".

Tag für Tag von sieben Uhr früh bis sechs Uhr abends saß sie stoisch mit ihren siebzig oder noch mehr Jahren und mit ihrem Gewicht, das sicher die Zwei-Zentnergrenze schon vor vielen Jahren überschritten hatte, hinter ihrer Ladentheke, einem einfachen Pult , und strahlte auf mich eine unendliche Güte aus.

Aufgrund ihrer Leibesfülle, aber möglicherweise auch oder noch zusätzlich gequält von verschiedenen Alterszipperleins, wie vielleicht Rheumatismus oder Arthrose, konnte sie sich kaum bewegen.
Nur mühsam und sehr langsam schleppte sie sich, von Schrank zu Schrank tastend, wenn man eines der würzigen Brote verlangte zum Regal, um ächzend das Gewünschte herauszuholen und schlurfte wieder langsam mit stoßendem Atem zu ihrem Stuhl zurück, auf den sie sich erlöst von der Anstrengung niederfallen ließ.

Verlangte man Semmeln, Brezen, "Guatln" (Bonbons) oder einen Bumbskopf (Mohrenkopf) bzw. die heiß begehrten "Schokoladeripperln", die wir mit Hochgenuss in einer frischen Semmel verspeisten ("a Schokoladnseme,bittschön"), tat sie sich leichter. Denn dazu musste sie ihren "Thron" nicht verlassen, da alles in Reichweite war.

Die "Bäcker-Mare" war Besitzerin der Dorfbäckerei, direkt gegenüber der Kirche und auch nicht weit vom Schulhaus entfernt gelegen. Der Bäckermeister, der Mann der "Mare", war schon seit geraumer Zeit gestorben, weshalb sie die Bäckerei nunmehr zusammen mit ihrem Sohn, dem "Bäcker-Franze", und dessen junger Frau weiterführte.

Ob es für den Fortbestand des Geschäftes notwendig war, dass die "Mare" trotz ihres hohen Alters und ihrer Beschwerden noch jeden Tag im Geschäft saß, entzieht sich meiner Kenntnis.

Es wäre jedoch ein herber Verlust gewesen, wenn sie es nicht mehr getan hätte.

Denn die Mare war unendlich liebevoll zu uns Kindern, hatte immer ein gutes Wort für uns, auch wenn wir wie Horden in der Schulpause bei ihr einfielen, um uns ganz schnell und atemlos vom Rennen mit köstlichen Semmeln, Brezen und Schokoladeripperln einzudecken.

Auch wenn wir noch so quengelten, die "Bäcker-Mare" war durch nichts aus der Ruhe zu bringen und bediente uns Kinder mit gleichbleibender Liebenswürdigkeit, wenngleich ihr runzliges, ausladendes Doppelkinn etwas wackelte, wenn es gar zu bunt wurde.

Auf mich hatte die "Bäcker-Mare" ihr besonders gütiges Auge geworfen und mich in ihr großes Herz geschlossen, da sie wusste, das ich dabei war "auf Pfarrer" zu studieren, wie die Dorfleute damals sagten.
Da ihr dies wohl als ein sehr wohlgefälliges und erstrebenswertes Ziel erschien, versuchte sie dieses, mit ihren, ihr zur Verfügung stehenden Mitteln nach Kräften zu unterstützen.

Jedesmal, wenn ich im Auftrag meiner Mutter oder vom eigenen Hunger getrieben, ihre Verkaufsstube aufsuchte, steckte sie mir mit den Worten "zum Kaffee" eine Breze, Semmel oder ein Kipferl zu.

Um etwaige Zweifel an meiner "Berufung" wegen des damit verbundenen Zölibats zu zerstreuen, raunte sie mir bei dieser Gelegenheit immer zu: "De Weiwa san eh ollawei krank!", was mir wohl in ihren Augen den Entschluss erleichtern sollte, vom "holden Geschlecht" Abstand zu halten.

Leider haben ihre vielen Semmeln, Brezen und Kipferln, wie ich aus heutiger Sicht bekennen muss, nichts geholfen.

Und auch ihr eindringlicher und immer wiederholter Hinweis auf die gesundheitliche Anfälligkeit des weiblichen Geschlechts hat nicht ihre Wirkung gezeigt.

So gesehen, war ich für die "Bäcker-Mare", nimmt man es ganz genau, eine richtige Fehlinvestition.
Ich werde ihre "ehrsamen" Bemühungen für den Priesternachwuchs aber nie vergessen und der Herrgott wird sie ihr sicher schon im Himmel vergolten haben.

"Kegelbua" beim "Kegelscheim"

In den Sommermonaten konnte man jeden Abend in weiten Teilen des Dorfes immer wieder bis in die späten Nachtstunden hinein das dumpfe Grollen einer schweren, rollenden Kugel und, nach einigen Sekunden, das Berstgeräusch niederfallender Kegel hören.

Manchmal fehlte aber das Geräusch niederprasselnder Kegeln, nämlich dann, wenn die Kugel nicht oder nicht richtig getroffen hatte. Schon bald ertönte jedoch erneut das dumpfe Grollen einer rollenden Kugel und meist auch das erlösende Fallgeräusch von Kegeln.

Jeder im Dorf wusste, dass hier wieder einige Kegelbrüder am Werk waren, die sich in der dörflichen Kegelbahn, einem einfachen Holzbau, zum Kirchenwirt gehörig, von den Mühen und Plagen des Tages zu entspannen suchten.

Das Grollen der Kegelbahn gehörte genau so selbstverständlich zum "Klangarrangement" der dörflichen Sommerabende wie das Gebetläuten oder das Zirpen der Grillen und das Summen der Bienen. Niemand wäre auch nur im Traum auf die Idee gekommen, sich wegen dieser "Ruhestörung" zu beschweren oder gar die Polizei zu rufen, die es in Julbach im übrigen auch gar nicht gab.

Die "Kegelbrüder" waren eigentlich immer dieselben, obwohl keineswegs so etwas wie ein Kegelklub oder eine sonstige vereinsähnliche Einrichtung bestand. Jeder konnte kommen und gehen wie er wollte und kegeln, wie und wie lange er wollte.

Es war meist eine Runde von älteren und Männern mittleren Alters, die nach dem heimischen Abendessen, nach gründlichem Waschen- fast jeder roch noch nach Kernseife mit der er sich vom Schmutz des meist handwerklichen oder bäuerlichen Berufes befreit hatte- noch etwas Gesellschaft unter Männern suchten.

Denn "Kegelscheibn" war eine absolute Domäne und ein Refugium der Männer. Außer der Wirtin wäre keine Frau des Dorfes auf die Idee gekommen, hier aufzutauchen.
Natürlich gab es unter den Keglern auch einige originelle Erscheinungen.

So erinnere ich mich an einen älteren Mann, der fast jeden Abend dermaßen reichlich dem Bier zusprach, dass er nur mühsam, zum großen Leidwesen seiner fast abgöttisch frommen Frau, die jeden Tag die Hl. Messe besuchte, den Weg in seine heimische Behausung fand.

Noch ein zweiter Zecher ist mir in Erinnerung geblieben.

Auch er sprach dem Alkohol so reichlich zu, dass er am späteren Abend, wenn er schon entsprechend "geladen" war, der Kugel auf dem glatten Kugelbrett nachschlitternd, was Können und Eleganz des Keglers eigentlich zum Ausdruck bringen hätte sollte, jämmerlich zu Boden ging und sich unter dem Gelächter der "Kegelbrüder" nur mühsam aufrichten konnte.
Auch er muss zur Stimmungssteigerung seiner Frau regelmäßig beigetragen haben, wenn er mühsam schwankend im ehelichen Schlafzimmer schließlich spätabends anlangte.

Von Zeit zu Zeit kam die Kirchenwirtin, mit weißer Schürze angetan, brachte eine frische Maß Bier und dem einen oder anderen auch ein Paar Knackwürst mit Semmeln oder, wobei mir als "Kegelbuam" immer das Wasser im Munde zusammenlief, wenn ich es sah, einen herrlichen Wurstsalat mit blauen Zwiebeln , angerichtet mit viel Essig ,Öl und Pfeffer.

Denn wir "Kegelbuam" waren immer dabei, denn schließlich wollten die "Herren" die umgeworfenen Kegel nicht selbst aufrichten.
Der "Kegelbua" nahm ganz in der Nähe des Geschehens Aufstellung, in einem kleinen Verschlag gegenüber den Kegeln, wohin er

sich zurückzog, wenn die Kugel heranrollte. Waren die Kegeln prasselnd auseinandergestoben, musste er blitzschnell aus seiner Deckung hervorspringen, um die Kugel in eine Rinne zu werfen, die sie zu den Keglern zurückrollen ließ.

Sodann sprang er zu dem Kegelfeld und stellte flink und so schnell er konnte die umgefallenen Kegeln wieder auf, denn dies war sein Qualitätskriterium, wofür er entsprechend entlohnt und eventuell wiederbeschäftigt wurde. Je schlechter die Kegler waren, um so weniger gab es für den "Kegelbuam" zu tun und um so bequemer verdiente er sich sein Geld.

Ich habe heute keine Ahnung mehr von den "Kegelbua-Tarifen". Es werden einige Zehnerl und "Markln" gewesen sein.

Ich weiß aber noch gut, dass es für uns Buben eine willkommene und für unsere Verhältnisse gute "Verdienstmöglichkeit" war und wir damit unser nicht vorhandenes Taschengeld aufbessern konnten, so dass man sich kurzzeitig richtig "reich" fühlte.

"Kafreidaratschn"

Die Karwoche, ohnehin eine sehr stimmungsbetonte Woche im Dorf mit den liturgischen Feierlichkeiten des Gründonnerstags, des Karfreitags, wo noch um Gnade für die "ungläubigen" Juden gebetet wurde, und schließlich dem erlösenden Glockengeläut mit dem jauchzenden Halleluja in der dunklen, allmählich vom geweihten Osterlicht heller werdenden Kirche in der Osternacht, war für uns Ministrantenbuben eine sehr anstrengende, aber auch durchaus lukrative Zeit.

Bereits am Montag der Karwoche übergab uns der "Hirsch" die "Ratschen", eine Art Holzinstrument mit dem man einen ohrenbetäubenden Lärm machen kann und die ab Gründonnerstag die Kirchenglocken aus Trauer um Christi Tod ersetzten.

Und wir Ministranten zogen los.

Wir hatten die Aufgabe bzw. es war unser Privileg, die Karwoche über in der ganzen Pfarrei, und die war groß und vor allem weit verstreut, in jedem Haus "Kafreida zu ratschen".

Und das bedeutete, dass wir jeden Tag von Karmontag bis Gründonnerstag von früh bis spät von Haus zu Haus zogen, die meist unverschlossene Tür des Hauses öffneten und im Vorraum des Hauses, wir nannten diesen die "Fletz", mit unseren "Ratschen", die wir wie wild drehten, einen ohrenbetäubenden Lärm veranstalteten.

Erstaunlicherweise waren die Hausbewohner ob dieser meist erschreckenden Überraschung nicht etwa verärgert , sondern im Gegenteil, weil es halt ein uralter Brauch war, höchst erfreut.

Es war Brauch, die Ministranten für ihr "Ratschen" mit Eiern, und zwar meist rohen, aber auch gekochten und bemalten Eiern zu belohnen. Minimum war für jeden "Ratscher" hierbei ein Ei, meist aber mehr.

Man kann sich vorstellen, dass dabei an einem Tag eine ganze Menge Eier zusammenkam und der Eierkorb, den selbstverständlich immer der "Neuling" tragen musste, abends mit mehreren hundert Eiern gefüllt war.

Wir begannen mit unserer "Ratscherei" zunächst im Kirchdorf Julbach und "ratschten" uns dann gemächlich über die "Himmelsstiege", durch die" Hölle", hinauf "über de Berg", d.h. auf das über dem Inntal gelegene Hochplateau, das bis zum Rottal reicht, wo viele Einöden sich befinden.

Anderntags "durchratschten" wir Niederndorf, Oberjulbach und andere Ortschaften der Pfarrei. Das ging bis Gründonnerstag so fort.
Und es konnte durchaus vorkommen, dass urplötzlich "der Hirsch" vor uns auftauchte, um zu sehen, ob wir schon alles ordentlich und "wie es der Brauch" war erledigten, zumal seine Erfahrungen mit uns seit dem "Leichentrunk" nicht die Allerbesten waren.

Jeden Tag, nach getanem "Ratschen" wurde die Tageseinnahme an Eiern fein säuberlich unter uns aufgeteilt.

Da wir uns nicht mit schwierigen Divisionsaufgaben abmühen wollten, schließlich hatten wir Ferien, wurden so geteilt, dass jedem Mitglied der "Ratscher" ein Ei in seinen Korb gelegt wurde- und, wenn die Runde durch war, dann begannen wir von vorne.

Ich kann mich noch gut erinnern, dass wir mehrmals bei dieser Teilaktion vor einem schier unlösbaren Problem standen, nämlich immer dann, wenn die Teilerei nicht aufging und ein oder zwei "Ratscher" ein Ei weniger bekommen hätten als die anderen, wenn uns nicht eine "geniale" Lösung eingefallen wäre.

Wir entschieden uns, die nicht aufteilbaren (rohen) Eier an eine Mauer zu werfen.

Dies hatte zwei Vorteile: Wir hatten unsere stille Freude daran, wenn der "Eierbaaz" an der Mauer herunterrann, und zusätzlich auch noch die tiefe Überzeugung, "absolute" Gerechtigkeit hergestellt zu haben.

"Der Hirsch" und die edlen Spender hätten dies aber nicht sehen dürfen! Und wir schworen uns heilig und feierlich, niemandem etwas davon zu erzählen.

Der "Hirsch" im Grab des Herrn

Am Gründonnerstag musste spätestens die Aktion "Kafreidaratschn" beendet sein, denn für Karfreitag in der Frühe um 8.00 Uhr hatte, wie jedes Jahr, der "Hirsch", unser Mesner, die Losung ausgegeben, vollzählig in der Kirche anzutreten.
Und dies, obwohl am Karfreitag erst um 3 Uhr nachmittags Gottesdienst war.

Der Grund dieses Appells lag darin, dass das "Hl. Grab" auf dem rechten Seitenaltar aufgebaut werden musste.

Das "Hl. Grab", eine bunt bemalte Holzkonstruktion, bestand aus einer Art Kasten, der vorne eine geschwungene, mit bunten Lichtern geschmückte Öffnung hatte, hinter der später der "Leichnam" des Herrn im matt schillernden Lichterschein liegen und zu sehen sein sollte.

Bis dahin war es aber noch weit.

Wir holten auf Befehl des "Hirsch" das in Einzelteile zerlegte "Grab" vom Dachboden der Kirche, was eine ziemliche Plackerei für uns war, weil man dorthin nur über viele Stufen des Kirchenturmes gelangen konnte.

Der "Hirsch" wies uns als eine Art "Kommandant" an, das "Grab" vorschriftsmäßig zusammenzubauen und verbreitete dabei ein Geschrei, das dem hl. Ort der Kirche eigentlich nicht sehr ziemte, was jedoch dem "Hirsch" keinerlei Kopfzerbrechen bereitete, da er ja nur seines Amtes waltete.

Die Krönung des Ganzen bestand jedoch darin, die Beleuchtung anzubringen, wozu man am äußeren Rand der Öffnung des Grabes, aber auch im Inneren , bunte Glühbirnchen einschrauben musste.

Der "Hirsch" befand wohl, dass diese "äußerst komplizierte" Aktion eines Spezialisten bedürfte, weshalb er selbst zu Werke ging und die kleinen Glühbirnchen eigenhändig in die Fassungen schraubte.
Die äußere Lichterkette konnte er noch, vor dem Grab gebückt stehend anbringen. Für die Beleuchtung im Inneren des Grabes musste er jedoch mit dem ganzen Oberkörper in das Grab hineinkriechen, so dass nur mehr die ganze Breitseite des "Hirsch-Hinterns" aus der Grabesöffnung herauslugte.

Für uns Buben war das ein sehr amüsanter Anblick, vor allem wenn noch Befehle unseres "Herrn" oder unterdrücktes Fluchen des "Hirsch", weil eine Glühbirne nicht sofort in die Fassung wollte, aus dem düsteren Grab drangen.

Irgendwann war jedoch alles perfekt gelungen und der "Hirsch" zog sich befriedigt aus dem Grab zurück, um uns mit dem Hinweis zu entlassen, ja zur rechten Stunde am Nachmittag da zu sein.

Dann lag an der Stelle, wo der "Hirsch" vormittags die Öffnung des Grabes noch mit seinem Hinterteil abdeckte, still und Ehrfurcht gebietend der "Leib des Herrn".

Der Gedanke an den Vormittag machte es mir jedoch manchmal schwer, mich bei der feierlichen Karfreitagliturgie am Nachmittag auf die "ewige Anbetung" des gestorbenen, auf die Auferstehung harrenden Heilandes zu konzentrieren, denn vor meinem geistigen Auge "überlappten" sich immer wieder die nun vor dem Hl. Grab aufgestellte Monstranz mit dem "Allerwertesten" meines "irdischen Herrn".

Ein Brautpaar bringt mehr als eine "Leich"

War jemand im Dorf gestorben, so bedeutete dies für uns Ministrantenbuben schulfrei und Leberspätzlesuppe mit Würsteln, so lange wir noch unser Privileg des Leichentrunks innehatten.

Hatte sich jedoch ein Paar zum Bund fürs Leben entschlossen, so stand für uns Buben nicht nur schulfrei, sondern auch noch "Bares" ins Haus.

Wie Beerdigungen so wurden auch Hochzeiten im Dorf grundsätzlich um 9.00 Uhr vormittags, fast immer am Samstag, abgehalten.

Hierbei war es uns Ministranten eigentlich egal, ob es sich um eine sog. "große" Hochzeit mit Kirchenzug und Blasmusik oder nur um eine "stille" Trauung handelte, die sich meist schon etwas ältere "Kandidaten" oder solche, die wegen des Todes des ersten Ehepartners zum zweitenmal heirateten, angedeihen ließen.

In jedem Fall, und deshalb fieberten wir schon dem Ende der Trauungszeremonie entgegen, wenn endlich das Ja-Wort gesprochen und die Trauungsmesse gelesen war, eilten wir mit einem Strick dem Kirchenportal zu, um es damit zu versperren.

Es war nämlich der uralte Brauch, dass jeder, der das von uns versperrte Portal passieren wollte, den Ministranten einen Obolus spendieren mussten, um durchgelassen zu werden.

Da kam, zumindest für unsere, gerade nicht "verwöhnten" finanziellen Verhältnisse, ein ganz schöner Batzen zusammen, da sich keiner der Gäste, vor allem nicht das Brautpaar, wollte lumpen lassen. Unter Aufsicht des "Hirsch" wurde anschließend peinlich gerecht aufgeteilt und wir zogen befriedigt von dannen, denn für uns war die Hochzeit "gelaufen".

Ganz anders für das Brautpaar und seine Gäste.

Wenn es eine der "großen" Hochzeiten war mit meist über hundert Gästen, zog der Hochzeitszug von der Kirche über die " Stoagossn" hinunter ,unter den Klängen der vorausmarschierenden Blasmusik, zum "Unteren Wirt", der neben einer Gaststube mit Nebenzimmer auch über einen großen Ballsaal verfügte.

Angeführt und geleitet wurde die Zeremonie von einem "Progoda", der zum Zeichen seines Amtes einen bunt geschmückten Stock mit sich führte, mit dem er zum Marschieren den Takt gab, aber auch ihn Stille heischend hochreckte, wenn er der Festversammlung etwas zum Verlauf des "Festaktes" mitteilen wollte oder lustige Einlagen, wie z.B. das "Aussingen" des Paares und dessen Eltern mit humorvollen "Schnadahüpfeln", zum Besten gab.
Während die Hochzeitsgesellschaft im Ballsaal Platz nahm und die Musik zum Tanz aufspielte, herrschte in der Gastwirtsküche fieberhafte Hektik, denn es galt, hundert und mehr hungrige Mäuler zu verköstigen.

Frauen aus der Nachbarschaft, die gegen Entgelt für die Hochzeit von der Wirtin angeheuert worden waren, denn normalerweise gab es in dieser Gastwirtschaft nichts Warmes zu essen, sondern nur Brotzeiten- also auch keinen Koch - , kneteten und rollten in ihren Händen Hunderte von Semmelknödeln, bereiteten den obligatorischen Krautsalat und überwachten den im Ofen brutzelnden Schweinsbraten, dem traditionellen Festschmaus bei Hochzeiten..

Der Festtagsbraten für die zahlreichen Gäste brauchte dem Brautpaar zumindest keine finanziellen Kopfzerbrechen zu machen, da jeder Gast mit dem sog. "Mahlgeld", das von ihm ganz selbstverständlich einkassiert wurde, sein Essen selbst bezahlte.

Überhaupt war so eine dörfliche Hochzeitsfeier eine sehr durchdachte Angelegenheit, die dem Brautpaar für seinen Start in den Ehestand sehr gelegen kam.
Denn es war üblich, wenn der "Progoda" mit Schnadahüpfeln zum

"Schenken" aufforderte, dass sich vor dem Brautpaar eine Schlange von "Schenkern" bildete, die zunächst ihre Gabe in bar (!) in einem vom Progoda hingehaltenen Teller im Briefumschlag mit Spenderaufschrift legten, um dann dem Brautpaar zu gratulieren und mit ihm auf eine glückliche Zukunft anzustoßen.

Das war für das Brautpaar schon eine harte "Bewährungsprobe", mit hundert und mehr Leuten anzustoßen und jedesmal einen Schluck Sekt zu trinken, was manchmal bei Bräutigam und Braut nicht ganz ohne Wirkung blieb
Denn zum einen waren die jungen Leute meist nicht so viel Alkohol gewöhnt, vor allem nicht die jungen Bräute. Und zum anderen kam es manchmal vor, dass sich unter dem weißen Kleid der Braut bereits ein kleines Bäuchlein abrundete, was ebenfalls nicht zur Steigerung ihrer Konstitution beitrug.

Denn es war durchaus möglich, dass Ehen aufgrund sich ankündigenden Nachwuchses unter mehr oder weniger sanften Drucks der Eltern des Paares geschlossen wurden, da es noch immer eine "Schand" war, ein uneheliches Kind auf die Welt zu bringen.

Da war es gerade recht, wenn das junge Paar durch die fast ausschließlich finanziellen Geschenke der Hochzeitsgäste eine gute Starthilfe in ihre Zukunft bekam, wobei es sich hierbei eigentlich nur um eine Art zinsloses "Darlehen" handelte.

Denn von Familie zu Familie wurde schon recht genau darauf geachtet, dass der einmal geschenkte Betrag bei einer späteren Hochzeit in der eigenen Familie wieder von den Beschenkten zurückgegeben werden würde, was im Grunde ein ausgeklügeltes System darstellte und dem Brautpaar den Gang zur Bank ersparte.
Bis spät in den Abend hinein wurde getrunken, gelacht, getanzt und zwischendurch die Braut "gestohlen", die der Bräutigam, meist beim Kirchenwirt, gegen Bezahlung der Zeche, die von den "Entführern" reichlich gemacht worden war, wieder auslösen

konnte.

Sodann marschierten die "Entführer" mit Braut und Bräutigam, angeführt von einer kleinen Blaskapelle, wieder durch das Dorf zum Ballsaal zurück, um dort die Abendbrotzeit einzunehmen.

Der nun folgende Abend gehörte dem Tanz. Nacheinander, einer relativ streng geordneten Hierarchie von verwandtschaftlicher und freundschaftlicher Zugehörigkeit zum Brautpaar gehorchend, musste nun die Braut ihre Pflichttänze absolvieren, wozu sie unablässig aufgefordert wurde.
Aber auch der Bräutigam hatte zu tun, da es sich "gehörte", dass er der Reihe nach die Schwiegermutter sowie die Tanten, Schwestern und Freundinnen der Braut aufs Parkett führte, was im Einzelfall schon ein rechtschaffenes Stück "Arbeit" sein konnte.

Auch die anderen Gäste, zu denen sich nach dem Abendessen auch die sog. "Nachgeher" gesellten, nämlich diejenigen, die kein Mahlgeld bezahlt hatten und nur dem Paar die "Ehre" erweisen oder nur tanzen wollten, ließen es sich nicht nehmen, wie "der Lump am Stecker" zu den Klängen der Musik bis tief in die Nacht hinein zu tanzen.

Und es kam nicht selten vor, dass sich hierbei eine neue Hochzeit "anbahnte " oder auch "angebandelt" wurde.

Für das Brautpaar war jedoch um 12.00 Uhr "Zapfenstreich", da es ja in der Hochzeitsnacht, zumindest nach alter Vorstellung und Sitte, an der man nach außen hin noch etwas scheinheilig anhing, noch einiges zu "bewältigen" hatte.

Unter Anführung eines Blasmusikzuges, verabschiedet vom Progoda, als seiner letzten Amtshandlung auf dieser Hochzeit, marschierten sie fröhlich winkend aus dem Saal, um sich von den Strapazen des Festes zu erholen bzw. das zu vollziehen, was man von ihnen traditionsgemäß in der Hochzeitsnacht erwartete.

"Aaach-tung", zum Gebet!

Neben dem Schützenverein und der Feuerwehr war der Krieger- und Veteranenverein einer der wichtigsten und das Leben des Dorfes mitprägendsten Vereine, was nicht verwundert, da das Ende des 2. Weltkrieges ja noch nicht so lange zurücklag und in den Köpfen so mancher ehemaliger Soldaten sicher noch präsent war.

Neben den regelmäßig stattfinden Treffen des Vereins im Wirtshaus und des traditionellen, jährlichen Balls des Krieger- und Veteranenvereins trat der Verein einmal im Jahr, nämlich im November am Totengedenksonntag, öffentlich in Aktion und in Erscheinung.

Schon frühzeitig vor Beginn des Hochamtes um 9.00 Uhr trafen sich die zahlreichen Mitglieder beim "Unteren Wirt", um rechtzeitig zum Gottesdienstbeginn im geordneten Zug, die Vereinsfahnen voraus, unter den Klängen strammer Marschmusik der vorausziehenden Blaskapelle durchs Dorf zur Kirche zu marschieren.

In der Kirche angekommen, nahmen die Veteranen in den vordersten, für sie reservierten Bänken Platz, während die Fahnenträger sich links und rechts von einem Katafalk, einer Art Sargkonstruktion mit schwarzem Tuch bedeckt und einem Birkenkreuz geschmückt, auf dem ein Soldatenhelm hing, im Altarraum der Kirche postierten.

Die Blaskapelle hatte sich auf die Orgelempore begeben, da sie beim anschließenden Requiem für die Gefallenen der Weltkriege anstelle der Orgel die Begleitung des Messgesangs zu übernehmen hatte.
Lag es an den meist sehr traurigen und schwermütigen Liedern oder an der Art der Begleitung?
Der nun folgende Gesang klang schleppender, aber auch "tragischer" als sonst und zog sich zäh dahin. Den melodramatischen

Höhepunkt erreichte er, wenn von den Trompeten das Lied von der "armen Seele" angestimmt wurde, die "traurig" aus einer Himmelswolke schaut, wie es im Text hieß.

Der gottesdienstliche Höhepunkt aber war die Wandlung, wenn alles ganz still wurde im weihrauchgeschwängerten Kirchenraum, der Pfarrer, bekleidet mit einem schwarzen Messgewand, unter lateinischem Gemurmel die weiße Hostie und schließlich den goldenen Kelch hochhob, die Fahnenträger zum Zeichen der Ehrfurcht ihre Fahnen senkten und in die Stille hinein von draußen Böllerschüsse hereinkrachten.

Nach Beendigung des Requiems sollte jedoch die eigentliche Gedenkfeier für die Gefallenen erst folgen und zwar am Kriegerdenkmal, das im Friedhof, an einer Kirchenseitenwand errichtet war. Hier waren alle die namentlich auf einer Steintafel verzeichnet, die aus dem Dorf in einem der beiden Weltkriege ihr Leben lassen mussten.

In exakter Ordnung, vorne der Pfarrer, nunmehr im schwarzen Rauchmantel, mit den Ministranten, daneben der Bürgermeister und dahinter der militärmäßig aufgestellte Krieger- und Veteranenverein mit seinem Kommandanten, wurde nun das "Gedenken" vollzogen.

Zunächst sang der Pfarrer feierlich einige Gebete, wobei er vielfach Weihwasser und Weihrauch zur feierlichen "Unterstützung" der heiligen Handlung einsetzte, dann hielt der Bürgermeister eine Gedenkrede über die gefallenen Soldaten, die jedoch nur von den vordersten Reihen gehört wurde und ansonsten im Wind verhallte, da kein Mikrofon vorhanden war.
Und nun kam der feierlichste Augenblick, die militärisch-kirchliche Symbiose einer Gedenkminute für die Gefallenen:

Der Kommandant der Veteraner hatte das Kommando übernommen und rief so soldatisch er noch konnte, denn er war nicht mehr der jüngste:

"Aaach-tung, zum Gebet!!!"

Auf diesen Befehl hin nahmen alle Veteranen soldatische Haltung an, schlugen die Haken zusammen und hoben ihre Hand zackig zum militärischen Gruß an die Schirmmütze.

Allen voran verharrte in dieser Haltung der Kommandant, der aufgrund seines Alters und eines nervösen Leidens hierbei ganz fürchterlich mit der zum militärischen Gruß erhobenen Hand wackelte und dessen Zungenspitze beständig nervös aus seinem Mund vor- und zurückzuckte, was uns Buben natürlich immer wieder aufs Höchste amüsierte und nicht gerade zur Konzentration auf den nun noch folgenden, absoluten Höhepunkt beitrug.

Denn nun senkten sich die Fahnen und die Blaskapelle intonierte das Lied "Ich hatte einen Kameraden, einen besseren findest du nicht...", das von donnernden Böllerschüssen, die einen bei jedem Krachen innerlich zusammenzucken ließen, schauerlich "untermalt" wurde.

Diese feierliche Starre löste sich erst, wenn der Kommandant mit martialischer Stimme das Kommando "Rührt euch!" ausgab, woraufhin sich die Krieger und Veteranen wieder zu einem geordneten Zug formierten und hinter der Vereinsfahne und der einen zackigen Marsch spielenden Blaskapelle die "Stoagassn" hinunter zum Wirt marschierten, wo nun der "gemütliche" Teil des Gedenkens bei Schweinsbraten und Bier stattfinden sollte.

Manch einer der Veteranen konnte nach "vollbrachtem" Gedenken am späten Abend nur mehr mühsam den Heimweg finden.

Bittgang

Jedes Jahr nach Ostern stand ein sog. "Bittgang" auf dem Programm des kirchlichen Kalenders der Pfarrei und damit des ganzen Dorfes.

Seit Alters her und traditionsgemäß besuchten wir hierbei die ungefähr 1o Kilometer entfernt gelegene Pfarrei Taubenbach, die, quasi im Gegenzug, unsere Pfarrei im Rahmen eines "Bittganges" besuchte.

Wir machten uns als Ministranten keine großen theologischen Gedanken über den eigentlichen Sinn der "Bittgänge", sondern nahmen es als eine für uns abwechslungsreiche Tradition hin, die uns zum einen "schulfrei" gewährte , zum anderen aber aus unserem dörflichen Trott etwas herausholte, wenngleich sie ja uns wieder nur in ein anderes Dorf führte.

Aber, auch das war für uns schon ein Ereignis!

Um 7.00 Uhr früh ging es los.

Alles was laufen und sich von der Alltagsarbeit frei machen konnte war um die frühe Morgenstunde, mit kräftigem Schuhwerk gerüstet, in der Dorfkirche versammelt, um nach kurzer Andacht loszuziehen.

Den frommen Zug führte der Fahnenträger an. Dahinter marschierten die Schulkinder, die zu diesem Zweck schulfrei hatten, begleitet von ihren Lehrkräften.
Nun kam die "liturgische" Abordnung, also der Pfarrer mit seinen Ministranten, gefolgt von den Erwachsenen, streng getrennt nach Frauen und Männern.

Seitlich des Zuges lief der Vorbeter, der die Aufgabe hatte, das Gebet der Bittgänger am "Laufen" zu halten, denn es wurde während des ganzen zehn Kilometer langen Weges unablässig der Rosenkranz mit verteilten Rollen gebetet.

Mit lauter, etwas leiernder Stimme betete der Vorbeter, was eine Art Ehrenaufgabe für sehr fromme, aber auch stimmgewaltige Mitglieder der Pfarrei war:

"Ge-grüßest seist du Ma-ria voll der Gna-de! Du bist ge-be-ne-deit unter den Wei-bern und ge-be-ne-deit ist die Frucht dei-nes Leibes, A-men. Dass du die Früchte der Erde erhalten woll-est!"

"Heilige Maria, Mutter Gottes, bitte für uns Sünder..." antwortete der Zug der Bittgänger beständig und unablässig. Und war ein Gesetzchen des Rosenkranzes vollendet, begann ein neues, lediglich unterbrochen von einem Vater unser.

Damit die "Rosenkranzbeterei" nicht aus dem Ruder lief, da der Vorbeter stimmlich nicht den ganzen Zug erreichen konnte, beschleunigte er zeitweilig seinen Schritt, um dem vorderen Teil des Zuges den "aktuellen Takt" des Rosenkranzes zu vermitteln, ließ sich dann wieder langsam "zurückfallen", um auch die hintere Abordnung in den Rhythmus des "Rosenkranzsingsangs" einzubinden.

Man musste schon einige Rosenkränze durchbeten, den 'freudenreichen", den "glorreichen" und wohl auch den "schmerzhaften", bis das ersehnte Ziel des Bittgangs, die Taubenbacher Kirche, in Sichtweite gelangt war.

Und hierbei ging es den Weg durch Wiesen, Felder und Wälder nicht nur gerade dahin , sondern oft bergab, aber vor allem aber auch ganz schön bergauf, was einen bei dem ständigen Beten und Gehen ganz schön aus der Puste bringen konnte.

Aber schließlich war es ja ein Bittgang und kein Spaziergang!
In Sichtweite der Taubenbacher Kirche gekommen, empfing uns

eine heimische Ministrantenabordnung mit Fahne, und unter Glockengeläute der Kirche legten wir das letzte Stück des Bittganges zurück, bis wir unter Orgelgebrause in das Gotteshaus feierlich einzogen.

Nach kurzem Dankgebet über die glückliche Ankunft begann das Bitthochamt, in das alle Wünsche und alles Flehen der Gläubigen einbezogen wurde.

Wenn alles vorbei war, stand eine Stunde Verschnaufpause auf dem Programm.

Mit fliegenden Ministrantengewändern stürmten wir die etwas von der Kirche abwärts gelegene Bäckerei und erstanden dort eine Breze oder Semmel zur Stärkung für den Heimweg.

Denn nach dem Gottesdienst mussten wir natürlich wieder zurück in unser Dorf, und zwar auf dieselbe Art und Weise wie wir gekommen waren.

Also hieß es wieder den Rosenkranz beten, den glorreichen bis hin zum schmerzhaften und wir waren ganz schön geschafft, wenn wir über Berg und Tal nach ca. zwei Stunden wieder glücklich, aber todmüde in unserer Pfarrkirche anlangten, wo noch zum krönenden Abschluss aus vollen, aber durstigen Kehlen "Großer Gott, wir loben dich" gesungen wurde.

Der Herr Pfarrer und die Frauen taten es sicher nicht, aber einige Männer mögen sich nach dieser anstrengenden Tour schon einige Maß Bier zur Wiederherstellung ihrer Kräfte im Kirchenwirt gegönnt haben, um sich für neue Bittgänge zu wappnen.

Die "Leichenbitterin"

Im Zeitalter von Handy, E-Mail, Fax und Telefon und was es sonst noch an raffinierten und schnellen Kommunikationsmitteln gibt, können sich heutige Jugendliche und junge Erwachsene wohl nicht vorstellen, wie vor fünfzig Jahren in einem Dorf in Niederbayern die schnelle Weitergabe einer Nachricht geklappt hat.

Nun, in der Regel war ja kaum etwas so eilig, dass man sich nicht auf die Wirkung des üblichen "Dorftratsches" hätte verlassen können, durch den zuverlässig, allerdings nicht immer ganz stimmig und richtig, Nachrichten verschiedenster Art im Dorf verbreitet wurden.

"Host scho kehrt...", wurden solche Nachrichten in der Regel eingeleitet und sicher weitergeleitet, auch wenn es sich eigentlich um "Geheimnisse" handelte, die nur unter dem "Siegel der Verschwiegenheit" oftmals und vielfach auf dieselbe Art und Weise weitergegeben wurden.

Was eine gewisse Eile und bezüglich Datum und Uhrzeit Genauigkeit erforderte und nicht dem ansonsten ausreichenden dörflichen "Kommunikationssystem" überlassen werden konnte, waren Ort und Zeitpunkt einer Beerdigung oder "Leich", wie wir normalerweise sagten.

Denn nach spätestens drei Tagen musste ein Toter begraben sein.

Um dieser raschen Informationsnotwendigkeit Genüge zu tun, gab es im Dorf das "Amt" der "Leichenbitterin", das zu meiner Zeit von einem alten, schon recht runzligen Weiblein ausgeübt wurde, und ihr dazu diente, ihre bescheidene Rente etwas aufzubessern.

Wenn sie, völlig in Schwarz gekleidet, auftauchte, was damals noch keine Modefarbe war wie heute, wurde jedem klar, dass wieder einem im Dorf das Lebenslicht ausgeblasen worden war.

Und man war neugierig, wen es diesmal "erwischt" hatte, um dann möglichst lange und mitfühlend das Unglück Desjenigen und das seiner Angehörigen zu bereden und zu beklagen

Denn der Tod eines Dorfbewohners wischte alles weg, was einmal der Beziehung zu ihm im Wege stand. Und es kam so gut wie nie vor, dass man über einen Toten Schlechtes geredet hätte.

Stand die Leichenbitterin schon mal im Raum, so sollte man alles alsbald erfahren:

"D´Huaberbeierin lasst ausrichten, dass da Huaba-Bauer gestern um sechse in da fria gschdorm is. Da Schdeaberosengranz is morgn und übermorgn um viere. D´Leich is am Miedicha um neine. Und D´Huaba-Beiarin dad sche biedn. Da Leichadrunk ies beim Kiachawird".

Als Reaktion seitens der so Informierten gehörte es sich, dass man zunächst absolute Bestürzung zum Ausdruck brachte, wenn es sich um einen plötzlichen, unerwarteten Tod handelte. Man reagierte dann in der Regel mit Äußerungen wie:

"Ja, um Goddes Wuin, des gibds do ned! Gesdan howen doch ersd beim Metzga gseng. Und do hoda ja nun so guad und gsund ausgschaud. Ja grod Gaude hoda gmachd und glachd hoda."

Die Leichnbitterin entgegnete solchen Reaktionen meist mit einem seufzenden und prägnanten *"Ja mei!".*
Und nach einer eindrucksvollen, bedeutungsschwangeren Pause setzte sie fort:

"So gehds hoid ofd! Dea Heagod weads scho wissn!"

Wurde der Tod eines Menschen mitgeteilt, der bekanntermaßen schon lange krank oder sehr alt war und schon lange dahinsiechte, so war die Antwort der über seinen Tod Informierten meist so:

"Dea Arme! Izd hoda ausgliedn. God sei Dank, dass'n da Heagod daläsd hod. I hob mas scho dengd, dass des nimma lang geh kon. Jetzd hoda sei äwige Rua!"

Manchmal gab dann die Leichenbitterin auf solches Sinnieren hin Insiderwissen preis, indem sie sehr vertraulich und geheimnisvoll, vornübergebeugt, und die Hand verschwörerisch an den Mund haltend kundtat:

"Ea hod eh nimma lehm meng, wei as nimma dabackt hod, de fiachdalichn Schmeazn".

"Eiso, am Miedicha um neine! Und d´Huaba- Beiarin dad sche biddn"
war das Zeichen der Leichenbitterin für ihren Aufbruch.

Denn sie hatte ja noch vielen Haushalten des Dorfes rechtzeitig die Nachricht vom Tod des Huaba-Bauern zu überbringen, denn schließlich mussten es sich ja die Leute zeitlich einrichten, zur Beerdigung zu gehen.
Und die näheren Verwandten, Bekannten und Nachbarn mussten bei der Kranzbinderin im Ort einen Kranz in Auftrag geben, was auch seine Zeit brauchte, denn die Kranzbinderin konnte schließlich auch nicht " hexen".

"O-ho-o Ma- ri-a"

"Ge-e-grü-sest seist du Kö-ö-ni-gin, o-ho-o Ma-ri-a!"
oder
" Ma-ri-a zu lie-ben, i-i-st allzeit mein Sinn!"

So tönte es im Mai jeden Tag von halb acht bis acht Uhr abends aus dem Gotteshaus, denn es war gerade Maiandacht.

Im Dorf blühte der Flieder und verbreitete seinen Duft überall und in den bereits lauen Nächten tummelten sich Scharen von Maikäfern und die Kinder, Männer und Frauen sangen allabendlich aus vollen Kehlen und mit Inbrunst zu Maria.

Der Muttergottesaltar war mit wunderbaren Blumenarrangements geschmückt, vor dem ein Betschemel stand, auf dem der Pfarrer kniend jeden Abend die Maiandacht abhielt.

"Gehst in d´Maiandacht?", war in diesem Monat die stehende Frage. Und die Antwort hieß fast immer: "Ja, freile! Gema midnand?" Ob alt oder jung, es war eine schöne, allabendliche Beschäftigung im Mai die Maiandacht zu besuchen.

Denn erstens kam man noch abends zu einem "Ereignis" aus dem Haus, traf Leute aus dem Dorf, mit denen man sich nach der Maiandacht noch genüsslich unterhalten und die neuesten Nachrichten austauschen konnte.

Und zweitens konnte der Besuch möglichst vieler Maiandachten keinesfalls dem "Konto" für das Seelenheil schaden, sondern schon viel eher nützen.

Außerdem war es ein schöner Spaziergang, wenn man nach der Maiandacht, ganz gemütlich mit Freunden plaudernd, nach den Mühen des Tages "heimwackelte", immer wieder in der allmählich hereinbrechenden Dämmerung stehen blieb, um die fliederdurchflutete, laue Luft einzuatmen oder ein besonders "brisantes" Thema zu erörtern.

Die größte Motivation war es jedoch, allabendlich die Maiandacht zu besuchen, weil es einfach schön war und dem Gemüt gut tat.

Das war vielleicht bei Erwachsenen so, bei uns Kindern lag die Sache etwas anders.
Für relativ kleine Kinder bedeutete der Besuch der Maiandacht, die Legitimation, nochmals abends aus dem Haus zu kommen, was für unsere Verhältnisse schon etwas bedeutete, da man ansonsten als Kind nach dem Gebetläuten daheim sein musste, was uns natürlich oftmals verdross und wir uns nur widerwillig fügten.

Für schon etwas größere, aber noch nicht "genügend" große Buben und Mädel war die Maiandacht, vor allem aber danach, die Möglichkeit, noch etwas im Halbdunkeln herumzutollen und, das was unsere größte Leidenschaft war, Maikäfer zu fangen, von denen es massenhaft viele gab.

Wir sperrten die gefangenen Käfer in Streichholzschachteln und versorgten sie mit frischen Blättern, was jedoch nicht lange währte, da die Käfer mit der Zeit entweder verendeten oder wir ihnen, in einem Anfall von Mitleid, meist jedoch aus Überdruss ob der Versorgungspflicht, wieder die Freiheit schenkten.

Für uns halbwüchsige pubertären Buben, wobei wir damals nicht wussten, was das eigentlich ist, war die Maiandacht natürlich eine herrliche Gelegenheit, unsere "Angebetete" zu sehen, sie "zufällig" nach Hause zu begleiten, da man ja den gleichen Weg hatte, möglichst lange, dabei aber niemals seine eigentlichen Absichten und Träume offenbarend, in der lauen Fliedernacht mit ihr im Halbdunkel herumzustehen und unsinniges Zeug zu reden. Und im Bett von ihr zu träumen. Und das Schönste daran war: Am nächsten Tag war wieder Maiandacht!

"Leonhardiumritt"

Jedes Jahr am 6. November, also kurz nach Allerheiligen, stand schon wieder ein Festtag auf dem dörflich-kirchlichen Kalender, und zwar einer, der in Julbach relativ "exklusiv" gefeiert wurde: Das "Leonhardi-Fest".

Denn nur in wenigen Gemeinden des Inn- und Rotttales gab es diese Tradition.

Schon ein, zwei Tage vorher holte der Pfarrer mit seinem Goggomobil aus dem Burghausener Kapuzinerkloster einen Pater, der am Vorabend des Festtages "Beichtsitzen" sollte, damit die Gläubigen auch einmal einen fremden Beichtvater zur Verfügung hatten, bei dem es sich eventuell "kitzliche" Sünden leichter beichten ließ als beim Ortspfarrer, der natürlich ,trotz der Gitterstäbe des Beichtstuhles, alle seine Schäfchen persönlich kannte, was dem Beichtenden manchmal vielleicht nicht so ganz angenehm war.

Die Kapuzinerpatres, die jedes Jahr ein paarmal, z.B. zu Ostern oder Pfingsten, wenn es im Beichtstuhl und auch sonst viel zu tun gab, zur Aushilfe nach Julbach kamen, erschienen mir Buben meist als etwas "rauhe" Gesellen.

Schon ihre Aufmachung, die braune Kutte aus derbem Stoff, der weiße Strick um den Bauch, vor allem aber der lange, bei vielen bereits ganz ergraute Vollbart, der schon eine Länge von einem halben Meter haben konnte, flößten mir eine leicht schaurige Ehrfurcht ein.

An einen Pater erinnere ich mich besonders. Er hatte im Krieg ein Bein verloren und trug daher eine Holzprothese, was seinen Gang verständlicherweise beeinträchtigte und etwas ungelenk erscheinen ließ. Wenn der mit seinem Holzbein die Altarstufen hochhumpelte, so tönte bei jedem stampfenden Schritt ein dumpfes Dröhnen aus den hölzernen Altarstufen, was ich geheimnisvoll,

aber zugleich unheimlich empfand.
Manche von diesen Patres hatten auch etwas rauhe Umgangsformen und strahlten, schon auch wegen ihrer etwas sonderbaren "Aufmachung", nicht die unendliche Güte unseres Herrn Pfarrers aus.
Auch hatten Sie meist sehr genaue Vorstellungen vom "Mischungsverhältnis" von Wein und Wasser bei der Hl. Messe. Und so konnte es schon passieren, dass der Ministrant am Altar vom Herrn Pater einen Rempler bekam, wenn er ihm zum Wein im Kelch zu viel Wasser hineingoss.

Beklagten wir uns beim "Hirsch", unserem Mesner, darüber, so meinte er tröstend, dass dies eben "a schdrenga Hea" sei.

War ein Pater früher mit der Feier der Messe fertig als unser Pfarrer, der die Zeremonie immer sehr würdevoll und bedächtig vollzog, was natürlich Zeit kostete, so meinte der "Hirsch", das sei ein "schneller Herr", was in seinen und in den Augen vieler Gottesdienstbesucher ein nicht zu verachtendes Kompliment war.

So ein "strenger" oder "schneller" Herr Pater kam also jedes Jahr, um mit der Gemeinde das Leonhardi-Fest zu feiern.

Denn da war etwas, was offensichtlich nicht den Geschmack unseres Herrn Pfarrers traf.
Traute er sich nicht? Oder konnte er nicht reiten? Oder hatte er vielleicht Angst vor Pferden?

Nach dem Gottesdienst war nämlich ein Pferdeumzug an dem der Priester hoch zu Ross, und dies in vollem liturgischen Ornat, mitritt und am Schluss die Segnung der Pferde vornahm.

Das Besondere, und vor allem für uns Buben sehr Eindrucksvolle waren nämlich am Leonhardifest nicht der Festgottesdienst oder gar die Festpredigt, sondern die vielen Pferde, die reich mit festlichem Saumzeug und bunten Girlanden geschmückt, aus nah und fern mit ihren Reitern gekommen waren, um am Leonhardi-Umritt teilzunehmen.

In einem weiten Bogen zogen die Reiter mit Ihren Pferden, voran der Pater auf seinem Ross, in einer Art Prozession durch das Dorf. Zur Kirche zurückgekehrt, segnete der Pater die Pferde und ihre Reiter, hoch auf seinem Ross im Chorrock und Rauchmantel thronend, nochmal und besprengte sie hierzu sehr reichlich mit Weihwasser, damit die "Weich" auch ja gut wirken sollte.

Natürlich hatten wir Ministrantenbuben am Leonharditag schulfrei, was auch ohne das aufregende Pferdeerlebnis uns allein schon diesen Tag zum wahren Festtag hätte werden lassen.

"Kernseife vorm Hochamt"

Das Wochenende im heutigen Sinne gab es eigentlich nicht.

Denn in meiner Kinderzeit mussten die lohnabhängig Tätigen auch am Samstag, zumindest bis 12.00 Uhr, arbeiten und die Kinder hatten am Samstag wie an jedem Tag Schule.

Am Samstagnachmittag legte sich so allmählich eine Art Wochenendstimmung über das Dorf, die jedoch keineswegs am Nichtstun der Leute erkennbar war, sondern daran, dass im Dorf die Kreissägen zu kreischen begannen, weil die Männer zu Hause ihr Brennholz bereiteten.

Die Frauen putzten und wischten das ganze Haus, wobei die Aktion erst beendet war, wenn auch der Flur sowie der Treppenaufgang zum Haus peinlich genau gefegt und gewischt worden waren.

Die Männer kehrten inzwischen den Hof , den Zuweg zum Grundstück und, soweit vorhanden, den Gehsteig vor dem Haus und alles Unordentliche wurde zumindest in eine vordergründige Ordnung gebracht.

Denn am nächsten Tag war Sonntag!

Spätestens beim Gebetläuten, wenn die Dämmerung hereinbrach, zog man sich zurück ins Haus zum Abendessen.

Danach sollte für die ganze Familie die notwendige und umständliche Prozedur der "Reinigung" für den Sonntag erfolgen.

Ich kenne aus meiner früheren Kindheit kein Haus im Dorf, das über ein Bad verfügt hätte.

Man wusch sich unter der Woche mit kaltem Wasser Gesicht und

Hände, die ganz Tapferen auch noch den Oberkörper oder wenigstens die Achselhöhlen, in der Wohnküche an einem Waschbecken, das ansonsten auch zum Geschirrabspülen diente.

Am Samstagabend war jedoch Großreinemachen angesagt!

Da man weder über Bad, noch Warmwasser verfügte, wurde in großen Kesseln auf dem Holzherd in der Wohnküche schon lange vor der eigentlichen "Zeremonie" heißes Wasser zubereitet, das dann, als es soweit war, in einer tragbaren Zinkwanne, die in der Küche aufgestellt wurde, für das Badewasser sorgen sollte.

Familienmitglied für Familienmitglied nahm nun in der Zinkwanne ein Bad, wobei der Vater meist das "Schlusslicht" bildete, da es damals als weibisch und unmännlich galt, sich zu sehr der Körperpflege zu befleißigen.

So bereitet, die ganze Familie nach Kernseife duftend, konnte der Sonntag kommen, was der auch alsbald tat, da zumindest die Frauen bereits um 7.00 Uhr morgens die Frühmesse besuchten, um dann Zeit für die Bereitung des Mittagmahles zu haben.

Um 9.00 Uhr wurde das Hochamt zelebriert, das vor allem die Kinder und die Männer besuchten.

Letztere läuteten nach dem Gottesdienst noch etwas mit "den Maßkrügen zusammen", was meist beim Kirchenwirt am Stammtisch geschah, jedoch nicht lange währen konnte, da in jedem Haushalt um Punkt 12.00 Uhr, und das war auch die Ehre jeder guten Hausfrau, Braten mit Knödel und Salat, das sonntägliche Festtagsmahl, auf dem Tisch standen. Und da hieß es da zu sein, wenn ein Ehekrach nicht vorprogrammiert sein sollte.

Deshalb sah man um kurz vor zwölf die Männer zielstrebig und manchmal auch etwas hastig ihrem heimischen Herd zuwandern, den sie schon von weitem am herrlichen Bratenduft und dem unverkennbaren Geruch eines frischen Gurken- oder Tomatensalates riechen konnten.

Spätestens gegen 1.00 Uhr mittags war in jeder Dorffamilie das Essen beendet, das Geschirr von den Frauen abgewaschen, Hausarbeit galt als absolut unmännlich, und wieder alles aufgeräumt.

Der gemütliche Teil des Sonntags konnte beginnen.

Eröffnet wurde er in den meisten Fällen, vor allem bei den Älteren, mit einem kleinen Mittagsschläfchen auf dem Kanapee, das jedoch nach ein bis zwei Stunden abgebrochen wurde, da es dann "Kaffee" gab.

Für besonders Fromme stand um zwei Uhr nachmittags der Besuch der Sonntagsandacht auf dem Programm, was nicht wenige auch machten.

Bei den nicht ganz so Eifrigen konnte es schon sein, dass man sich mit der ganzen Familie durchs Dorf auf einen Spaziergang machte, um sich etwas die Füße zu vertreten und frische Luft zu schnappen.
Denn der Sonntag war die einzige "ehrsame" Möglichkeit zum Spaziergang!
Unter der Woche hätte jeder einen Spaziergänger als Drückeberger und Faulpelz angesehen.

Bei schlechtem Wetter las man Zeitung, hörte Radio oder besuchte Nachbarn oder Freunde, wobei es hierbei nicht üblich war, sich großartig anzumelden oder gar einen Termin auszumachen.

Man war einfach da. Und, der Dorfsitte entsprechend, gern gesehen.

Feuerwehrball und sonstige "Lustbarkeiten"

Wenn am Samstagnachmittag schon früher als sonst der Hausputz vollendet, der Hof gekehrt und die wöchentliche "Reinigungszeremonie" in der Zinkwanne abgeschlossen waren, vor allem aber die Frauen ihren Kopf mit Lockenwicklern bestückt hatten, so war dies ein untrügliches Zeichen, dass etwas "Größeres" anstand.

Drei bis viermal im Jahr, meist in der Faschingszeit oder um "Kathrein", veranstalteten die örtlichen Hauptvereine, also die Feuerwehr, die Krieger- und Veteranen oder die Schützen einen Ball im großen Tanzsaal des "Unteren Wirts".

Dazu wurde per Plakat eingeladen, das überall im Dorf, z. B. in Geschäften, an der Gemeindetafel oder auch an Strommasten, aushing, und ganz besonders auf die "beliebte und bekannte" Kapelle hinwies, die zum Tanz aufspielen würde.

Außer den wirklich Alten, die nicht mehr so recht laufen konnten, war für die meisten Dorfbewohner, für die Jugend sowieso, der Besuch eines solchen Veteranen-, Schützen- oder Feuerwehrballes ein selbstverständliches Vergnügen, das man sich leistete.

Denn man traf dort viele Bekannte, die man ansonsten nicht so oft zu sehen bekam, weil sie vielleicht weiter draußen in einem Weiler oder Einödhof wohnten. Und man konnte wieder einmal nach Herzenslust das Tanzbein schwingen und sogar "auswärts" essen, was für die Dorfbewohner durchaus eine attraktive Seltenheit war.

Vor allem aber für die Jugend waren solche Bälle eine willkommene Abwechslung, da es ja ansonsten nur wenige Vergnügungsmöglichkeiten für sie gab, höchstens im "verruchten" österreichischen Braunau, wo es in einem Kellergewölbe eine "Almbar" geben sollte, in der zu verkehren, in den Augen vieler Eltern nicht den Ruf eines "anständigen" Mädels mehrte.

Außerdem wie sollte man in der Nacht nach Braunau kommen, das doch fast 10 Kilometer entfernt war, da ja kaum jemand, und die Jungen schon gar nicht, ein Auto besaß?

Also nützte die Dorfjugend solche Dorfbälle nach Kräften zum Austoben, aber auch, um schon einmal ein wenig auf Tuchfühlung mit dem anderen Geschlecht zu gehen.

Und nicht selten wurde die Frage: "Wo habts eich denn kenagle-and?" mit:
" Auf´n Feiaweaboi!" beantwortet.

Noch viel schöner, weil verschwiegener und romantischer, waren die allseits beliebten und gern besuchten Waldfeste im nahen Forst.

Mitten im schattigen Wald wurden für das an einem Wochenende im Hochsommer stattfindende Waldfest Biertische mit Bänken aufgestellt, wo man bei den Klängen einer zünftigen Blasmusik Brotzeit mit "Leberkas", "Brezn" und "Rade"machen konnte und sich dazu ein oder auch mehrere frische "Masserl" genehmigte.
Besonders romantisch und schön wurde es jedoch erst abends, wenn die Dunkelheit schon hereingebrochen war und eine schmissige Musikkapelle zum Tanz aufspielte, wozu extra ein mit bunten Lichtergirlanden verziertes Tanzpodium aufgestellt worden war.

Da wurde sich gedreht und gelacht.
Und die verschwiegene Dunkelheit des Waldes animierte schon manchen "verwegenen" Burschen, sich ein Busserl von seiner "Herzallerliebsten" auf dem einsamen Heimweg durch den Forst

zu rauben.
Wirklich hoch ging es im Dorf her, wenn eine "Fahnenweihe" oder ein Jubiläum des Schützen-, Krieger- und Veteranenvereins oder der Feuerwehr anstand.

Da weckten schon in aller Herrgottsfrüh um 5.00 Uhr früh Böllerschüsse das Dorf und man wusste, dass heute Großes anstand.
Aus der ganzen Umgebung trafen hierzu befreundete Vereine mit ihren Fahnenabordnungen im Dorf ein, um sich vor dem "Unteren Wirt" zum Kirchenzug zu sammeln.

Kurz vor neun Uhr, dem Beginn des Festgottesdienstes, marschierten dann die in Uniform gekleideten Vereinsmitglieder im Gleichschritt mit ihrer neuen Fahne, die von sog. "Fahnenjungfrauen" in feschen Dirndln eskortiert wurde, hinter der zackig aufspielenden Blaskapelle zur Kirche hinauf, wo die feierliche Weihe der neuen Fahne im Rahmen eines Festgottesdienstes vom Pfarrer vorgenommen wurde.

Nach dem Gottesdienst marschierte man wieder in Reih und Glied zum "Unteren Wirt", wo mit einem Festessen der gemütliche Teil der Fahnenweihe eingeleitet wurde, der bis spät in die Nacht dauern konnte.
So manch einer konnte am Abend die neue Fahne von der alten nicht mehr unterscheiden, wenn er spät nachts mühsam den Heimweg antrat.

Ansonsten hielten sich die Sonntagsvergnügungen relativ in Grenzen.

Im Winter trafen sich die Männer am Sonntagnachmittag ab und zu zum Eisstockschießen auf dem zugefrorenen Dorfweiher, die Kinder fuhren in der "Berg- und Talbahn" oben in der "Hölle" Ski oder Schlitten und lieferten sich aus Gaudi eine Schneeballschlacht.

Ganz selten lud ein Verein oder die Landjugend zu einem "Bunten Abend" in den Tanzsaal des "Unteren Wirts" ein, wo Witze, Sketsche oder kleine Theaterstückchen zum Besten gegeben und dankbar von den Besuchern beklatscht wurden.

Und alle heiligen Zeiten kam ein "mobiles Lichtspiel" ins Dorf, das dann, ebenfalls beim "Unteren Wirt" im großen Saal Filme wie "Die Trapp-Familie" oder "Das Wunder von Lourdes" aufführte.

Das war es dann auch schon an "Lustbarkeiten" am Wochenende.

Aber das Wochenende bestand ohnehin ja nur aus dem Sonntag. Und der war schnell vorbei- und am Montag warteten wieder die Arbeit für die Erwachsenen und die Schule für die Kinder.